DANIELA GAIGG
@diekleinebotin

DER GRÜNE FAMILIENKOMPASS

DIYs, Rezepte und Anregungen für einen nachhaltigen Alltag

CV

Inhalt

Herzlich willkommen!

Du hältst dieses Buch in Händen, weil dir unsere Erde und eine lebenswerte Zukunft für unsere Kinder am Herzen liegen.

»Was wir heute tun, entscheidet darüber, wie die Welt morgen aussieht.«

Marie von Ebner-Eschenbach

Mein Name ist Daniela Gaigg, und ich lebe mit meiner Familie in einer Kleinstadt am Rande von Wien. Mit diesem Buch möchte ich einen inspirierenden Begleiter für Familien, die einen achtsamen und nachhaltigen Lebensstil praktizieren wollen, bieten. In einer Welt, in der Zeit kostbar ist und der Alltag oft hektisch erscheint, ist es mein Ziel, dir einfache und praktikable Wege aufzuzeigen, wie du mit deiner Familie ein bewusstes und grünes Leben führen kannst – ohne dabei auf Innovation und Lifestyle zu verzichten.

Kapitel für Kapitel begleite ich dich durch das Jahr, um dir Monat für Monat Ideen, Tipps und Anregungen zu geben, die du in euren Familienalltag integrieren kannst. Mein Fokus liegt dabei auf Nachhaltigkeit, die nicht nur den Planeten schützt, sondern auch das eigene Wohlbefinden und das deiner Lieben fördert. Denn ein bewusster Alltag bedeutet keineswegs Verzicht; vielmehr ist er die bewusste Entscheidung für eine bessere Zukunft. Die Umsetzung gelingt dank kleiner Schritte nach und nach und wird so zum neuen Normal.

Ich verstehe, dass Zeit ein kostbares Gut ist, insbesondere für Familien. Deshalb biete ich dir in diesem Buch einfache und praktische Lösungen an, die leicht umsetzbar sind. Ich möchte dir zeigen, dass ein nachhaltiger Lebensstil keine komplizierte Aufgabe sein muss. Jeder kleine Schritt zählt, und gemeinsam können wir Veränderungen bewirken.

Mach's dir leicht!
Schlage im Buch den Monat auf, in dem du dich gerade befindest, und beginne im Hier und Jetzt!

In den kommenden 52 Wochen werde ich dich durch verschiedene Lebensbereiche führen: Wohnen, Ernährung, Reisen, Freizeitgestaltung und vieles mehr. Ich möchte dir helfen, Prioritäten neu zu setzen und bewusste Entscheidungen zu treffen. Dabei lege ich besonderen Wert auf die Bedürfnisse von Familien mit Kindern bis etwa 15 Jahren, denn wenn eines feststeht, dann, dass Kinder die Entscheider*innen von morgen sind! Und wir die große Chance haben, ihre Werte und ihre Einstellung mitzugestalten.

Dieses Buch basiert nicht nur auf theoretischem Wissen, sondern überwiegend auf unseren persönlichen Erfahrungen und Familienentscheidungen. Ich gebe dir Beispiele, Anleitungen und Ideen, die zeigen, wie ein nachhaltiger, bewusster und moderner Alltag aussehen kann. Sieh sie als Impulse und Ideen und setze deine Version davon um. Oder übernimm einfach das, was ich schon probiert habe.

Die Zeit für Veränderungen ist gekommen, und ich lade dich ein, mit meiner Familie und mir auf eine Reise zu gehen – den Kompass dafür hältst du in der Hand. Schritt für Schritt werden wir im Laufe eines Jahres gemeinsam die Welt deiner Familie grüner gestalten und dabei die Schönheit und Fülle des Lebens noch sichtbarer machen.

Lass uns einen bewussten Alltag erschaffen, der nicht nur für uns, sondern auch für zukünftige Generationen eine lebenswerte Welt hinterlässt.

Ein Kompass zur Orientierung

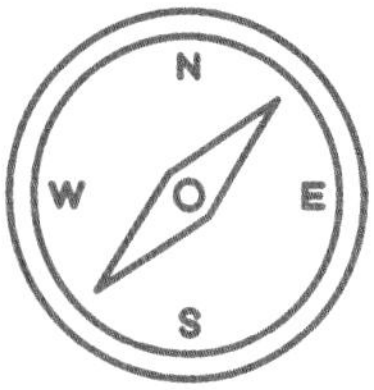

Ein Kompass ist ein nützliches Instrument, das in der physischen Welt als Orientierungshilfe dient. Er besteht aus einer Nadel, die magnetisiert ist und sich frei auf einer horizontalen Achse dreht. Die Nadel zeigt immer in Richtung des magnetischen Nordpols und hilft uns, die Himmelsrichtungen zu bestimmen. Dadurch können wir unsere Position auf einer Landkarte lokalisieren und unseren Weg bestimmen.

Im übertragenen Sinn verkörpert der Kompass auch tiefere Bedeutungen, insbesondere auf mentaler und ethischer Ebene sowie in unserer Führungsrolle, die wir als Eltern haben:

1. Mentale Orientierung: Ein Kompass weist uns den Weg, daher können wir ihn auch als Symbol für mentale Klarheit und Ausrichtung betrachten. Im Leben stoßen wir auf Herausforderungen und Entscheidungen, bei denen es hilfreich ist, einen inneren Kompass zu haben, der uns unsere Werte, Ziele und Prioritäten verdeutlicht. Genau das können wir unseren Kindern vorleben und ihnen die Orientierung bieten, die sie brauchen.

2. Ethische Leitlinie: Ein Kompass kann uns auch als moralischer Kompass dienen, der uns in ethischen Fragen leitet. Inmitten von materiellen Versuchungen oder moralischen Dilemmas hilft uns ein fester Wertekompass dabei, die richtige Entscheidung zu treffen und einen Weg einzuschlagen, der zu uns passt. Das betrifft vor allem Konsumentscheidungen, die einen enormen Einfluss auf unseren ökologischen Fußabdruck haben.

3. Führungsrolle der Eltern: Wir Eltern sind die Kompassnadeln für unsere Kinder. Wie ein Kompass ihren Weg weist, haben Eltern die Verantwortung, ihre Kinder zu leiten, zu unterstützen und ihnen Orientierung zu bieten. Indem wir als Vorbilder handeln, Werte vermitteln und klare Grenzen setzen, helfen wir unseren Kindern, ein stabiles Fundament aufzubauen.

4. Richtung und Zielsetzung: Ein Kompass ermöglicht uns, die Richtung zu bestimmen, uns auf den Weg zu bringen und uns so weiterzuentwickeln. Als Eltern können wir unsere Kinder ermutigen, sich persönliche Ziele zu setzen, ihre Interessen zu erkunden und ihre Stärken zu entwickeln. Indem wir sie auf ihren individuellen Lebensweg führen, unterstützen wir sie dabei, ein erfülltes, sinnhaftes und nachhaltiges Leben zu gestalten.

5. Konsequenz und Standhaftigkeit: Ein Kompass zeigt immer in dieselbe Richtung, unabhängig von äußeren Einflüssen. Als Eltern ist es wichtig, in unserer Führungsrolle liebevoll konsequent zu sein und unsere Werte und Prinzipien zu vertreten und zu leben. Dadurch schaffen wir eine stabile Umgebung, einen sicheren Hafen, in dem sich unsere Kinder geborgen und unterstützt fühlen und von wo sie sich ihren eigenen Weg suchen können.

Verantwortungsbewusst mit dem Nachhaltigkeits-Kompass

In Bezug auf Nachhaltigkeit, Umdenken und die Zukunft des Planeten kann der Kompass auch als Symbol für verantwortungsbewusstes Handeln und einen Wandel hin zu einer nachhaltigen Lebensweise gesehen werden.

1. Nachhaltigkeit: Wie ein Kompass uns auf einer Reise den Weg weist, kann er uns daran erinnern, dass wir in unseren Handlungen und Entscheidungen immer die langfristigen Auswirkungen auf unseren Planeten berücksichtigen sollten. Indem wir nachhaltige Praktiken in unseren Alltag und unseren Lebensstil integrieren, tragen wir dazu bei, die Umwelt zu schützen und natürliche Ressourcen für kommende Generationen zu bewahren.

2. Umdenken und Achtsamkeit: Ein Kompass kann uns ermutigen, alte Denkmuster zu überdenken und bewusstere Entscheidungen zu treffen. In Bezug auf den Planeten erfordert dies, dass wir unsere Lebensweise, Konsumgewohnheiten, Energiequellen und ihre Nutzung hinterfragen. Indem wir achtsam handeln und uns für naturnahe Alternativen entscheiden, setzen wir einen positiven Kurs für eine nachhaltige, lebenswerte Zukunft.

3. Zukunft des Planeten: Ein Kompass soll uns an die Bedeutung unserer globalen Verantwortung erinnern. Die Zukunft unseres Planeten hängt von unserer Fähigkeit ab, kollektiv zusammenzuarbeiten und Maßnahmen zu ergreifen, um den Klimawandel zu bekämpfen, die Artenvielfalt zu schützen und nachhaltige Entwicklungsziele zu verfolgen. Als Eltern können wir unseren Kindern beibringen, die Natur zu schätzen und als Hüter der Erde zu handeln.

4. Kurskorrekturen: Ein Kompass zeigt immer in eine Richtung. Das ermöglicht auch Kurskorrekturen, um das gewünschte Ziel zu erreichen. Und es gibt nicht immer nur den einen Weg, aber die Richtung muss klar und das Ziel definiert sein, um anzukommen. In Bezug auf den Planeten bedeutet dies, dass wir flexibel sein und auf neue wissenschaftliche Erkenntnisse und Technologien reagieren müssen, um nachhaltigere Lösungen für morgen zu entwickeln. Es erfordert die Fähigkeit, uns anzupassen und unsere Strategien zu verbessern, um die Herausforderungen des Klimawandels und anderer Umweltprobleme zu bewältigen.

5. Inspiration und Führung: Ein Kompass kann als Symbol der Inspiration und Führung dienen, um andere auf den Weg zu einer nachhaltigeren Zukunft mitzunehmen. Als Eltern können wir unsere Kinder dazu ermutigen, sich für den Umweltschutz einzusetzen, die Schönheit der Natur zu schätzen und verantwortungsbewusste Entscheidungen zu treffen. Durch unser eigenes Handeln können wir als Vorbilder für eine nachhaltigere Welt dienen – an jedem einzelnen Tag bieten sich unzählige neue Chancen.

Jeder kleine Schritt zählt, und gemeinsam können wir Veränderungen bewirken.

Nimm dieses Buch gern als deinen Kompass!

Gehe deinen individuellen Weg zusammen mit deiner Familie und nimm es einfach wieder zur Hand, wenn du nachschlagen willst - oder ein paar neue Impulse für deine Reise brauchst.

Daniela

Die 12 Nachhaltigkeits-Mythen

Mythos 1: Nachhaltigkeit ist teuer und unbequem.

Fakt: Nachhaltigkeit kann kosteneffizient sein und oft sogar langfristig dabei helfen, Geld zu sparen. Kleine Änderungen wie Energiesparlampen, DIY-Reinigungsmittel und Secondhand-Einkäufe können den Geldbeutel schonen und sind leicht in den Alltag zu integrieren.

Mythos 2: Ein nachhaltiger Lebensstil erfordert drastische Veränderungen.

Fakt: Nachhaltigkeit kann schrittweise umgesetzt werden. Beginne mit kleinen Schritten wie der Reduzierung von Plastikverpackungen oder dem Einkauf von saisonalem Obst und Gemüse.

Mythos 3: Mülltrennung bringt keine wirklichen Vorteile.

Fakt: Mülltrennung ist wichtig, um Abfall zu reduzieren und Recycling zu fördern. Ein einfaches System im Haushalt erleichtert die Trennung und macht einen Unterschied. So kann jeder Haushalt entsprechend den Regelungen vor Ort einen Beitrag leisten.

Mit jeder nachhaltigen Handlung inspirierst du andere, es dir gleichzutun.

Mythos 4: Elektroautos sind die einzige nachhaltige Transportoption.

Fakt: Es gibt viele nachhaltige Verkehrsalternativen wie Radfahren, öffentliche Verkehrsmittel und Fahrgemeinschaften, die den CO_2-Fußabdruck verringern. Solange der Strom durch fossile Brennstoffe oder Kernkraft gewonnen wird und die E-Infrastruktur nicht optimal ausgebaut ist, sind Pkws mit E-Antrieb keine effiziente Lösung.

Mythos 5: Nachhaltige Ernährung bedeutet Verzicht auf das Lieblingsessen.

Fakt: Nachhaltigkeit in der Ernährung kann vielfältig und lecker sein. Probiere neue Rezepte mit saisonalen Zutaten aus und reduziere den Fleischkonsum. Damit schonst du sowohl die Umwelt als auch deine Gesundheit. Wenn für dein Lieblingsessen Lebensmittel tierischen Ursprungs oder tropische Früchte nötig sind, kannst du es einmal pro Monat noch viel mehr genießen.

Mythos 6: Less Waste ist unmöglich mit Kindern.

Fakt: Weniger Abfall zu produzieren, kann auch im Familienalltag gelingen. Verwende wiederverwendbare Lunch-Boxen, Trinkflaschen und Stoffwindeln. Kinder können in den Prozess einbezogen werden, um ein Bewusstsein für Nachhaltigkeit zu schaffen. Es muss nicht »Zero Waste« sein – auch mit einer deutlichen Reduzierung von Einwegprodukten und Verpackungsmüll könnt ihr als Familie einen wertvollen Beitrag leisten.

Mythos 7: Secondhand ist unhygienisch und outdated.

Fakt: Secondhand-Kleidung und -Gegenstände können in gutem Zustand sein, nach gründlicher Reinigung oder Desinfektion. Dies ist eine kostengünstige Möglichkeit, Ressourcen zu schonen, und sehr oft findet man vor allem bei Kinderkleidung sehr aktuelle Mode.

Mythos 8: Einzelne Personen können den Klimawandel nicht beeinflussen.

Fakt: Jede einzelne Handlung zählt. Indem du bewusste Entscheidungen triffst und Nachhaltigkeit praktizierst, inspirierst du auch andere, es dir gleichzutun. Mache dir bewusst, dass jeder Kauf einen Produktionsauftrag darstellt – so kann jeder einzelne Mensch sehr wohl etwas zu mehr Nachhaltigkeit und einem Umdenken beitragen.

Mythos 9: Naturkosmetik ist weniger effektiv.

Fakt: Naturkosmetik kann sogar effektiver sein als herkömmliche Produkte, denn sie enthält oft hoch konzentrierte Pflanzenstoffe. Sie ist frei von schädlichen Chemikalien, mineralölhaltigen Stoffen und Mikroplastik und unterstützt die Umwelt durch nachhaltige Herstellung und ökologisch durchdachte Lieferketten und Vertriebswege.

Mythos 10: Nachhaltigkeit erfordert viel Zeit und Recherche.

Fakt: Es gibt viele Ressourcen und Apps, die nachhaltige Alternativen und Produkte aufzeigen. Mit der Zeit wirst du dir bewusster, welche Optionen für dich und deine Familie am besten funktionieren. Und mit jedem einzelnen Schritt, den du nach und nach (am besten Monat für Monat) in euren Alltag integrierst, wird es zur neuen Normalität. Vieles in unserem Verhalten ist Gewohnheit – und Gewohnheiten lassen sich ändern.

Mythos 11: Wegwerfwindeln sind praktischer als Stoffwindeln.

Fakt: Stoffwindeln sind eine nachhaltige Option, die von Geburt an hilft, Geld zu sparen und weniger Müll zu produzieren. Moderne Stoffwindeln sind einfach zu verwenden, und es gibt praktische, durchdachte Konzepte. Wenn du dir nicht zutraust, komplett auf Stoff umzusteigen, dann beginne damit, eine Stoffwickelroutine für zu Hause zu etablieren.

Mythos 12: Babynahrung aus dem Glas ist besser als selbst gemachte Nahrung.

Fakt: Selbstgemachte Babynahrung ist einfach herzustellen, kontrollierbarer und reduziert den Verpackungsmüll. Aus frischem Obst, Gemüse und Getreide kannst du nährstoffreiche Mahlzeiten für dein Baby zubereiten. Auch wenn du unterwegs fertige Gläschen verwendest, ist Homemade-Babybrei für daheim schon ein wichtiger Schritt für die Umwelt.

Januar

Ein neues Jahr bedeutet einen Neuanfang: Es ist eine wunderbare Gelegenheit, um zurückzublicken auf das, was sich bisher bewährt hat, sich auf das Wesentliche zu konzentrieren und die Ziele neu zu definieren. Das gilt auch im Familienleben und im Hinblick auf Nachhaltigkeit und klappt wunderbar, wenn alle daheim sind. Wir machen das immer gern in den letzten Tagen der Weihnachtsferien.

Doch bevor wir uns dem neuen Jahr widmen, wollen wir uns um unser Zuhause kümmern und Ordnung schaffen. In diesem Kapitel geht es darum, wie man den Start ins neue Jahr nicht nur ordentlich, sondern nachhaltiger gestalten und den Haushalt aufräumen kann, mit Schwerpunkt auf Küche und Badezimmer.

Von Plastik zu Nachhaltig

Überblick gewinnen

Die Küche und das Badezimmer sind die Orte im Haus, an denen am meisten Müll entsteht. Plastikverpackungen, Einwegartikel und chemische Reinigungsmittel tragen alle dazu bei, dass wir täglich viel mehr Abfall produzieren, als wir eigentlich müssten. Doch es gibt einfache und nachhaltige Alternativen, die nicht nur die Umwelt schonen, sondern auch den Geldbeutel.

Aufräumen und Aussortieren

Das sind immer der erste Schritt zu mehr Nachhaltigkeit, denn so werden Doppelkäufe vermieden und es wird schnell klar, welche Sachen man ohnehin selten oder nie verwendet.

Im ersten Schritt geht es darum, sich von unnötigem Ballast zu befreien. Produkte und auch alte Gewohnheiten, die nicht mehr gebraucht werden, werden ausgemistet. Dabei kannst du gleichzeitig Ausschau halten nach Produkten, die du durch nachhaltigere Alternativen ersetzen kannst. So etablieren sich neue Abläufe und Gewohnheiten. Ein absoluter Game-Changer in unserer Küche war z. B. die Abwaschbürste aus Holz, die man nicht komplett ersetzen muss, sondern bei der man den Kopf austauschen kann!

Dann also ran an den Schwamm und mal alle Kästen, Schubladen und Ecken ausräumen und wischen. Dabei kannst du alles mithilfe von großen Kisten direkt sortieren. Ordnung und Überblick sind eine gute Grundlage für den nachhaltigen Lebensstil. Am wichtigsten ist dabei nicht, welche Sachen man besitzt, sondern ob diese tatsächlich auch in Gebrauch sind. Es geht also nicht darum, möglichst schnell alle Vorratsdosen aus Plastik wegzuwerfen und gegen Edelstahlbehälter zu tauschen. Was noch funktioniert, sauber und dicht ist, bleibt!

Apropos Sauberkeit: Auch im Hinblick auf Reiniger gibt es jede Menge Einsparpotenzial! Jede Wegwerfflasche ist eine zu viel. Nutze die Kraft von Natron und Essig im Haushalt für strahlende Reinheit (siehe S. 24). Wer gern Spezialreiniger haben will, kann auf Reinigungstabs umsteigen – die funktionieren super und sind günstig.

Lebensmittel – gut planen

Der wichtigste Part in der Küche sind die Lebensmittel. Sie sind ein immenser Hebel, den wir als Familie bedienen können, wenn es um nachhaltigen Alltag geht.

»Der größte Verschwender ist der Privathaushalt mit einem Anteil von 58 Prozent. Die Verschwendung passiert hier schleichend. Immer wieder verschwenden wir im Haushalt kleine Mengen an Lebensmitteln, wie etwa hart gewordenes Brot, Reste vom Vortag oder schimmelig gewordene Marmeladen. Zudem landen immer wieder einwandfreie Produkte mit überschrittenem Mindesthaltbarkeitsdatum im Müll. So verlieren österreichische Haushalte im Schnitt 800 Euro im Jahr, die sie für Lebensmittel ausgeben, die sie nicht konsumieren und im Restmüll, Biomüll oder Kanal entsorgen oder die im Kompost landen. Das entspricht etwas mehr, als Haushalte im Durchschnitt für Ernährung und alkoholfreie Getränke über einen Zeitraum von zwei Monaten ausgeben.« (https://www.landschafftleben.at/lebensmittelverschwendung)

Rund ein Drittel der weltweit hergestellten Lebensmittel landet am Ende im Müll; vieles davon wäre noch lange genießbar. Gegen diesen Missstand kann jede Familie Einfluss nehmen, denn Essen muss regelmäßig auf den Tisch und jeder Kauf ist ein Produktionsauftrag. Gleichzeitig bekommen wir die wundervolle Chance, unsere Kinder darauf zu schulen, achtsam mit dem Essen umzugehen und möglichst wenig wegzuwerfen. Viele Lebensmittel sind auch nach Ablauf des Mindesthaltbarkeitsdatums noch genießbar (siehe auch: https://greenpeace.at/presse/fuenf-von-sechs-lebensmitteln-sind-selbst-28-tage-nach-mindesthaltbarkeitsdatum-geniessbar/).

Tipp: Croûtons & Knusperstangen aus Brotresten

Brot und Gebäck landen besonders häufig in der Tonne. Schneide altes Brot und Gebäck in Würfel oder schmale Streifen, gib etwas Olivenöl und Kräutersalz dazu und röste es ein paar Minuten in der Pfanne oder erhitze es in der Heißluft-Fritteuse. Das ist ein super Snack für Dippsaucen oder zu Salat und Suppen.

Lebensmittel retten

Auch das Retten von Lebensmitteln ist ein wichtiger Beitrag zur Nachhaltigkeit: Resteküche, kreative Ideen für die Verwertung von Gemüse- und Brot-Anschnitten und eine gute Nase schonen nicht nur Ressourcen, sondern auch den eigenen Geldbeutel.

Gemüsereste lassen sich zum Beispiel einfrieren, und wenn genug gesammelt sind, gibt es bunten Eintopf. Aus harten Brotscheiben kann man wunderbar Croûtons machen.

Wenn du auch beim Einkauf sparen und gleichzeitig Lebensmittel in deiner Umgebung retten willst, dann installiere dir die App »To good to go« auf dein Smartphone. Teilnehmer:innen aus dem Handel und der umliegenden Gastronomie stellen tagesaktuell Angebote ein, und du kannst so mit deinem Einkauf mithelfen, dass unverkaufte Ware nicht weggeworfen wird (https://www.toogoodtogo.com/de-at/user).

Resteküche, kreative Ideen und eine gute Nase schonen nicht nur Ressourcen, sondern auch den Geldbeutel.

Auf Alternativen umsteigen

Eine praktische Liste kann hier helfen, um die Umstellung einfacher zu gestalten. Erfahrungsgemäß gelingt das nach und nach besser als ein Komplett-Switch. Statt Einweg-Plastikflaschen kann man zum Beispiel auf eine wiederverwendbare Wasserflasche für unterwegs umsteigen und statt Chemiereinigern auf umweltfreundliche, selbst gemachte Reinigungsmittel setzen (siehe S. 24).

Auf den Kauf von Lebensmitteln in Plastikverpackungen kann man eigentlich weitgehend verzichten. Greife stattdessen auf lose Ware und regionale Produkte zurück, die mittlerweile auch in vielen Supermärkten erhältlich sind.

Natron

- → entfernt in der Waschmaschine Grauschleier von Wäsche
- → bringt selbst gemachte Badebomben zum Sprudeln
- → verhindert in DIY-Deodorants Geruchsentwicklung
- → reinigt zusammen mit Essig den Abfluss von Spüle und Waschbecken
- → ist zusammen mit Kernseife und Wasser ein super Allzweckreiniger

Switch-List Küche

statt	lieber
Plastikflaschen für Mineralwasser und andere Getränke	Glasflaschen und evtl. ein Wassersprudler
neue Plastikbeutel aus dem Supermarkt	wiederverwendbare Stoffbeutel und Brot-Säcke
Spülbürsten aus Plastik	Spülbürsten aus Holz mit Wechselkopf
Spülmittel und Reinigungsmittel in Plastikflaschen	nachfüllbares Spülmittel und selbst gemischte Reinigungsmittel (siehe S. 24)

Nachhaltig rein im Badezimmer

Sobald sich ein Baby ankündigt, wird oft die eigene Körperpflege komplett infrage gestellt: Auch wenn man bisher vielleicht sehr auf Werbeversprechen gehört, bestimmte optische Ziele verfolgt oder Luxus-Kosmetik gesammelt hat, wird das in der Schwangerschaft meist rasch sehr bodenständig. Unsere Haut ist das größte Organ unseres Körpers und auch ein Spiegel unserer »Seele«.

Im Badezimmer kannst du dich getrost von konventionellen Körperpflegeprodukten verabschieden und auf Naturkosmetik und selbst gemachte Alternativen umsteigen. Auch hier gilt: Weniger ist oft mehr. Eine einfache und nachhaltige Körperpflegeroutine kann aus wenigen, natürlichen Produkten bestehen. Ich achte beim Kauf darauf, dass die Produkte als Naturkosmetik zertifiziert sind und so wenig wie möglich Verpackung aufweisen. Am liebsten habe ich Fläschchen, wo ich einfach die Pipette weiterverwenden kann. Feste Duschstücke und Shampoos sind meist nur in einem dünnen Karton gepackt und sparen so viele Plastikflaschen. Eine weitere, umweltfreundliche Alternative ist Naturkosmetik, die in recycelbaren Flaschen und Flakons abgefüllt ist oder Mehrwegmöglichkeiten bietet (z. B.: www.ringana.com).

Selbstgemachte Kosmetik wie Deodorant oder pflegendes Hautöl mit ätherischen Ölen kann ideal in die Kosmetikroutine eingebunden werden.

Dekorative Naturkosmetik hält meist nicht so fest und so lange wie herkömmliche Schminke, aber man kann sie deshalb auch ohne Mühe abwaschen, und sie enthält kein schädliches Mikroplastik. Um mir für das Abschminken die Wegwerf-Pads zu sparen, verwende ich waschbare Pads aus zugeschnittenen alten Handtüchern und selbst gehäkelte Pads aus Baumwolle (siehe S. 23).

Auch für das Badezimmer gilt: Eine nachhaltige Lebensweise im Alltag beginnt oft mit kleinen Schritten und der bewussten Entscheidung, Veränderungen anzugehen. Das Aufräumen und Entfernen von überflüssigen Dingen hilft, den Blick auf das Wesentliche zu richten und nachhaltige Gewohnheiten zu etablieren.

Vielen Menschen geht es damit ebenso wie mit anderen guten Vorsätzen: Sie beginnen auch Lifestyle Changes mithilfe des Kalenders: Der erste Tag des Jahres oder auch des Monats ist ein super Starttag dafür, Neues anzugehen!

Was so im Kosmetikbereich möglich ist, kann man auch auf die notwendigen Dinge in der Babypflege übertragen. Im Sinne der Nachhaltigkeit sind etwa Stoffwindeln eine wunderbare Möglichkeit, den anfallenden Familien-Müllberg etwas niedriger zu halten.

Eine nachhaltige Lebensweise im Alltag beginnt oft mit kleinen Schritten.

Mithilfe von waschbaren Windeln und Überhosen wird der Müll drastisch weniger, auch wenn man sie nur teilweise verwendet und z. B. auf Reisen Öko-Einwegwindeln einpackt.

Switch-List Badezimmer

statt	lieber
herkömmliche Zahnpasta in Tuben	Zahnputz-Tabs
Zahnbürsten aus Plastik	Zahnbürsten aus Holz
Kämme oder Bürsten aus Plastik	Kämme oder Bürsten aus Holz
Shampoo, Duschgel und Flüssigseife in Plastikflaschen	festes Shampoo, Duschgel und Seife oder Nachfüllung-Packungen
Müllbeutel für Badezimmer-Eimer	Verpackungsbeutel wiederverwenden, z. B. Toilettenpapier-Verpackung
Wattepads	Stoff- oder Häkelpads (siehe S. 23)
Wattestäbchen	wiederverwendbare, waschbare Wattestäbchen (oder solche aus Karton und Bio-Baumwolle)
Pflegeprodukte und dekorative Kosmetik in Plastikverpackungen	Naturkosmetik-Produkte in minimaler und plastikfreier Verpackung
Wegwerfwindeln	Stoffwindeln

Wiederverwendbare Abschmink-Pads

Jedes Wattepad, das nach dem Abschminken weggeworfen wird, ist Müll! Die Rechnung ist einfach: Wenn man für jedes Mal Make-up-Entfernen drei Wegwerf-Wattepads verwendet, dann sind das pro Jahr mehr als 1000 Pads, die man mit waschbaren, wiederverwendbaren Abschmink-Pads einsparen kann.

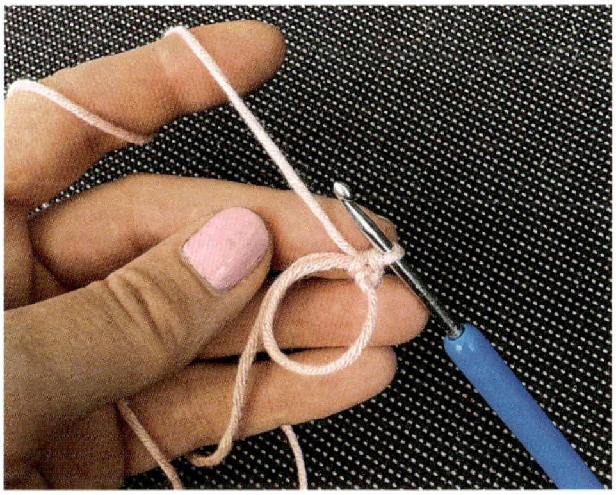

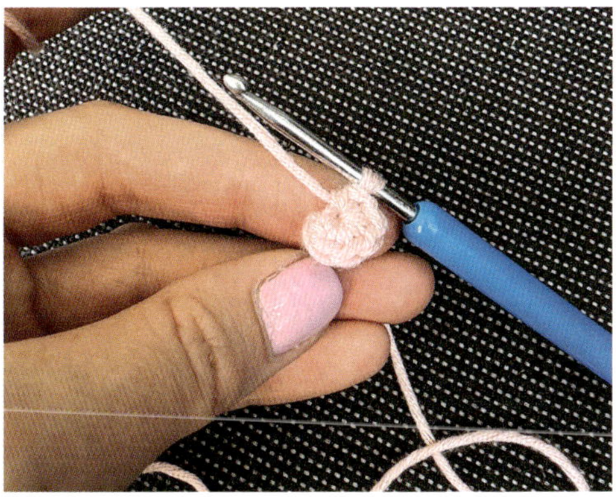

So geht's

Für jedes Pad mit einem einfachen Fadenring beginnen und darum sechs feste Maschen häkeln. Diese Anfangsrunde mit einer Kettmasche beenden und wieder mit zwei Luftmaschen beginnen (9 Maschen).

Runde 1: In jede feste Masche drei Stäbchen-Maschen häkeln (27 Maschen). Diese Runde mit einer Kettmasche beenden. Die nächste Runde wieder mit zwei Luftmaschen beginnen.

Runde 2: In jedes Stäbchen zwei Stäbchen häkeln (54 Maschen). Auch diese Runde mit einer Kettmasche beenden und die nächste Runde wieder mit zwei Luftmaschen beginnen.

Runde 3: In jedes Stäbchen diesmal nur ein Stäbchen häkeln (54 M). Die Runde mit einer Kettmasche beenden und zum Schluss den Anfangs- und den Endfaden vernähen.

Du brauchst

Für 10 Abschmink-Pads

- → ca. 50 g Baumwollgarn-Reste
- → Häkelnadel (Stärke je nach Garn)

Tipp:

Falls du noch keine Erfahrung mit dem Häkeln hast, schaue doch mal hier:

https://www.smarticular.net/haekeln-lernen-anfaenger-handarbeit-grundschritte-feste-maschen-luftmaschen/

Selbst gemischte Reinigungsmittel

Hast du schon mal darüber nachgedacht, eigene Reinigungsmittel herzustellen? Das ist nicht nur super einfach, sondern bringt auch jede Menge Vorteile mit sich! Du tust der Umwelt einen riesigen Gefallen. Stell dir vor, wie viele Plastikflaschen du einsparen kannst, und dazu noch die Chemikalien, die sonst in unsere Flüsse und Meere gelangen.

Und wer liebt es nicht, Geld zu sparen? Mit ein paar simplen Zutaten wie Essig, Natron und Zitronensäure kannst du im Handumdrehen eigene Reiniger zaubern. Und das Beste daran? Diese Zutaten sind super günstig und in fast jedem Haushalt zu finden!

Außerdem weißt du genau, was drin ist! Gerade, wenn jemand in der Familie empfindliche Haut oder Allergien hat, ist es ein unschlagbarer Vorteil, die Inhaltsstoffe nach eigenen Bedürfnissen anpassen zu können.

Essigreiniger

Du brauchst

- Schalen von 2–3 Zitronen
- 300 ml Essig

So geht's

Lege die Zitronenschalen in ein Schraubglas und fülle es mit Essig auf. Schraube das Glas zu und lasse es etwa fünf Wochen lang stehen. Gieße danach den fertigen Essigreiniger durch ein Sieb und fülle ihn in eine Sprühflasche.

Fakt!

Schmierseife ist ein wahrer Alleskönner! Auch den Grünbelag von deiner Terrasse bekommst du damit weg – auch ohne Hochdruckreiniger.

Außerdem ist Schmierseife ideal für empfindliche Hände, denn durch den neutralen pH-Wert bleibt beim Putzen die Schutzschicht der Haut verschont.

Badreiniger

Du brauchst

- 250 ml warmes Wasser
- 1 TL Schmierseife

So geht's

Fülle 250 ml warmes Wasser und einen Teelöffel Schmierseife in eine Sprühflasche, verschließe sie und schüttle kräftig.

Besprühe damit regelmäßig die Badezimmer-Fliesen, die Regale und das Waschbecken. Die Oberfläche wird nach dem Abwischen auch Staub abweisend.

Wenn du grobe Kalkflecken behandeln musst, verwende vorher den Essigreiniger oder eine Mischung aus Wasser und Zitronensäure.

Fenster-/Glasreiniger

Du brauchst

- 10 ml Alkohol (Ethanol, mind. 70 %, aus der Apotheke)
- 200 ml destilliertes Wasser
- 1 TL Zitronensäure

So geht's

Fülle den Alkohol und das destillierte Wasser in eine Sprühflasche.

Füge einen Teelöffel Zitronensäure hinzu, schraube die Flasche zu und schüttle sie gut.

Besprühe mit diesem Reiniger deine Glasflächen. Mit einem Abzieher wird es dann am schönsten.

Tipp:

Leichte Streifen lassen sich mit altem Zeitungspapier einfach auspolieren.

Februar

Der Februar bringt die ersten helleren Tage. Er ist zwar immer noch ein Wintermonat, aber endlich wird es wieder etwas heller, und das will gefeiert werden. Liebende begehen am 14. Februar den Valentinstag und sind auf der Suche nach schönen kleine Dingen und persönlichen Geschenken. Nachhaltige Alternativen zum Valentinstag (auch für Geburtstage und andere Gelegenheiten) sind im Handel leider immer noch rar, deshalb werden wir uns gleich mal ein paar sinnvolle und umweltfreundliche Alternativen anschauen.

Nachhaltig schenken

Geschenke aus Recycling-Materialien

Eine nachhaltige und gleichzeitig sehr kreative Möglichkeit, Geschenke zu gestalten, ist »Upcycling« oder »Recycling«, also das (Wieder-) Verwenden von alten und bereits benutzten Materialien, die dann um- oder weiterverarbeitet werden. Aus Gläsern, Flaschen, Dosen, Stoffresten oder Pappkartons können wir etwa hübsche Deko-Stücke, Vasen oder Verpackungen basteln. Ein altes Glas wird mit ein paar hübschen Blüten zu einem individuellen Windlicht umfunktioniert (siehe S. 64) oder eine alte Dose wird in einen dekorativen Stiftehalter verwandelt und leistet auf dem Schreibtisch noch viele Jahre gute Dienste, statt auf der Mülldeponie zu landen. Auch so simples und alltägliches Material wie Karton ist ein unglaublich wandelbarer Ausgangsstoff und eignet sich für eine Vielzahl von kreativen Ideen.

Unserer Kreativität sind dabei keine Grenzen gesetzt, und auf diese Weise entstehen wundervolle Einzelstücke und auffallende Besonderheiten, die im Alltag gut genutzt werden können und auf individuelle Weise Freude bereiten.

Selbstgemachte Geschenke

DIY-Geschenke sind etwas ganz Besonderes, weil sie von Herzen kommen und oft mit viel Liebe und Mühe in Kleinarbeit erstellt wurden.

Ein gebackener Kuchen, besondere Pralinen oder Homemade-Marmelade von den eigenen Himbeeren, liebevoll verpackt und dekoriert, sind persönliche Geschenke, die von Herzen kommen. Und die Kinder lieben es, Glückwunschkarten und Anhänger zu basteln! Als Verpackung für Lebensmittelgeschenke eignen sich Einmachgläser ganz besonders gut, und so bleibt nicht einmal Verpackungsmaterial übrig.

Auch selbst gestrickte Socken, Schals oder Mützen in der Lieblingsfarbe sind eine tolle Geschenkidee und in Handarbeit mit viel Liebe zum Detail entstanden. Man kann auch kleine Muster oder Initialen aufzusticken – das geht verhältnismäßig schnell und macht Geschenke sehr besonders.

Geschenke nachhaltig auswählen

Wer sich dafür entscheidet, ein Geschenk zu kaufen, kann beim Shoppen auf nachhaltige Alternativen achten. Wie wäre es mit einem nachhaltigen Produkt wie einer wiederverwendbaren Edelstahl-Trinkflasche oder einer umweltfreundlichen Handyhülle aus Kork? Auch fair gehandelte Produkte aus biologischer oder regionaler Produktion sind eine gute Wahl.

Homemade-Geschenke kommen von Herzen!

Wer nachhaltig schenken will, ist bei kleinen, fairen Labels an der richtigen Adresse. Mittlerweile gibt es unzählige coole Shops, wo man Kleidung, Schmuck und Alltagsgegenstände aus Kleinst- und Handwerksproduktionen findet und so nicht nur den Beschenkten Freude macht, sondern auch kreative Unternehmer:innen unterstützen kann.

Nachhaltige Verpackung

Last but not least: Auch die Verpackung spielt eine wichtige Rolle, wenn es um nachhaltige Geschenke geht. Statt Geschenkpapier und -schleifen kannst du auf wiederverwendbare Geschenkbeutel aus Stoff oder auf recyceltes Geschenkpapier zurückgreifen. Auch Geschenkanhänger kannst du ganz einfach selbst basteln und so unnötigen Müll vermeiden.

Eine andere schöne Idee, um Geschenke nachhaltig zu verpacken, ist ein wiederverwendbares Einkaufsnetz: Damit das Netz eine individuelle Note bekommt, kann man es zum Beispiel mit Kurkuma oder Avocado einfärben (siehe S. 30). Nachhaltiges Schenken ist eine bewusste Entscheidung und eine tolle Möglichkeit, seine Liebe und Wertschätzung auszudrücken und gleichzeitig etwas Gutes für die Umwelt zu tun. Ob man selbst kreativ wird oder auf nachhaltige Produkte aus dem Handel setzt – es gibt viele Möglichkeiten für individuelle und nachhaltige Geschenke.

Definition »Upcycling«

Upcycling ist ein Begriff aus dem Bereich der Nachhaltigkeit und beschreibt die Wiederverwertung von scheinbar nutzlosen Materialien oder Gegenständen, indem man sie in neue und oft höherwertige Produkte umwandelt. Im Gegensatz zum Recycling, bei dem die Materialien in der Regel zerstört und zu Rohstoffen verarbeitet werden, geht es beim Upcycling darum, den Gegenständen ein neues Leben zu geben und sie kreativ weiterzuverwenden.

Das Ziel des Upcyclings ist es, Abfall zu reduzieren und Ressourcen zu schonen, indem man vorhandene Materialien sinnvoll nutzt. Dabei sind der Kreativität keine Grenzen gesetzt: Alte Kleidungsstücke lassen sich beispielsweise in neue Taschen oder Kissen umwandeln, aus ausrangierten Möbeln können Regale oder Tische entstehen, und aus leeren Gläsern oder Dosen werden stylische Vasen oder Windlichter.

Upcycling bietet eine Vielzahl von Vorteilen: Es schont nicht nur die Umwelt, sondern kann auch dabei helfen, Geld zu sparen und eine persönliche Note in die eigenen vier Wände zu bringen. Zudem ist es eine tolle Möglichkeit, kreativ zu werden und eigene Ideen umzusetzen.

Ich liebe es z. B. Schuhe, Jacken oder einen Strohhut zu besticken und ihnen so sofort einen neuen Look zu verpassen. Einfache Motive können auch Kinder sticken, das ist eine ruhige und schöne Aufgabe.

Färben mit Lebensmitteln

Avocado-Schalen, Kurkuma und Brennnesselblätter sind nur einige der vielen Lebensmittel, die wahnsinnig gut färben. Ich nutze diese Eigenschaft regelmäßig für kreative Stoff-Ideen.

Einkaufsnetze z. B. kann man damit wunderbar bunt und individuell einfärben!

Der Sud aus Avocado-Schalen zaubert einen Altrosa bis Rosé-Ton auf Baumwolle, Kurkuma liefert kräftiges Gelb und der Brennnesselsud macht weiße Baumwolle grau.

Du brauchst

Für jeweils 1 Netz

- → 3 l Wasser
- → 1 Netztasche aus Baumwolle

Altrosa mit Avocado-Schalen

Zum Färben

- → Schalen von 3 Avocados

So geht's

Bei der Technik mit Avocado färben die Schalen am besten. Wenn ich Avocados zubereite, bewahre ich die Schalen auf, wasche sie aus und lasse sie an der Luft trocknen.

Die Avocado-Schalen mit dem Wasser in einen großen Topf geben und etwa eine Stunde lang kochen lassen.

Den Sud vom Herd nehmen und das Einkaufsnetz etwa zur Hälfte – oder so weit es gefärbt werden soll – über den Topfrand hängen. Mit dem Topfdeckel abdecken und über Nacht stehen lassen. Die Farbe saugt sich über Nacht nach oben; so entsteht der hübsche Ombré-Effekt von selbst.

Tipp:

Das Färben mit Pflanzen ist also nicht nur ein kreativer, sondern auch achtsamer Prozess, der sich über mehrere Tage erstrecken kann und ein tolles Ferienprogramm für Kinder ist.

Gelb mit Kurkuma

Zum Färben

- 4 EL Kurkuma-Pulver

So geht's

Das Kurkuma-Pulver in einen großen Topf mit Wasser geben und aufkochen lassen. Mehrmals gut umrühren und dann den Sud vom Herd nehmen.

Das Netz, so weit es gefärbt werden soll, über den Topfrand in den Sud hängen. Zugedeckt über Nacht »baden« lassen. Für ein intensives Sonnengelb kann es noch einen weiteren Tag im Kurkuma-Wasser hängen.

Grau mit Brennnessel

Zum Färben

- 6 große Brennnessel-Pflanzen

So geht's

Die Brennnessel-Pflanzen in einen großen Topf mit Wasser geben und aufkochen lassen. Die Blätter werden ganz weich und zergehen fast.

Auch hier das Netz so weit über den Topfrand hängen, wie es Farbe annehmen soll. Solange im Sud lassen, bis die gewünschte Farbintensität erreicht ist. Für dieses schöne Grau habe ich den Brennnessel-Sud drei Tage lang einwirken lassen.

Fixieren

Wenn die Beutel die gewünschte Farbintensität angenommen haben, aus dem Sud nehmen, fest ausdrücken und trocknen lassen.

Da deine Netztaschen aus Baumwolle sind, kannst du sie nach dem Trocknen bügeln, um die Farbe zu fixieren.

Pflanzenfarbe ist zwar waschecht, wird aber mit der Zeit etwas heller. Wiederhole den Färbevorgang einfach von Zeit zu Zeit!

tüte für Dich

Geschenke-Tütchen

Eine schöne nachhaltige DIY-Idee rund um Geschenke, die auch Kinder super umsetzen können, sind simple Papiertüten. Ich selbst habe diese Falttechnik im Kindergarten gelernt und seither unzählige Male zu unterschiedlichsten Anlässen genutzt.

Du brauchst

Für 1 Tüte

- → 1 Bogen Zeitungspapier (oder Geschenkpapier)
- → Klebestift
- → Schere

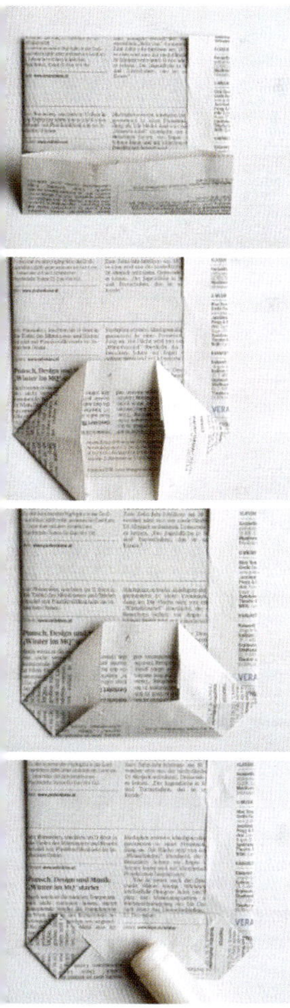

So gehts

Das Zeitungspapier auf die gewünschte Größe zuschneiden. Doppelt legen und falten, dabei den Rand überlappen lassen. Den Rand mit dem Klebestift bestreichen und festkleben.

Den unteren Rand etwa 3 cm nach oben falten. Den hochgefalteten Rand nach unten und oben aufklappen, sodass rechts und links jeweils ein Dreieck entsteht.

Von unten und von oben jeweils eine Lasche leicht überlappend einfalten.

Mit Kleber bestreichen und festdrücken. Wenn der Klebstoff getrocknet ist, das Tütchen auffalten und den Boden von innen gerade drücken. Zum Schluss mit schönen Kleinigkeiten füllen!

7 Alternativen zu Geschenkpapier

- → Stofftuch im Furoshiki-Stil
- → Bienenwachstuch
- → Box und Tüte aus Altpapier
- → Einmach- oder Schraubglas
- → Box aus Getränkeverpackung
- → Geschirrhandtuch
- → Baumwolltasche oder -beutel

»Umweltschutz ist eine Chance und keine Last, die wir tragen müssen.«

Helmut Sihler

März

Mit dem März beginnt der Frühling – eine der schönsten Jahreszeiten. Das gilt besonders für uns Familien. Die Natur erwacht aus dem Winterschlaf, überall blühen die ersten Frühlingsboten und die angenehmen Temperaturen laden dazu ein, die gemeinsamen Aktivitäten wieder mehr nach draußen zu verlagern. Auch im Garten, auf der Terrasse und dem Balkon gibt es jetzt viel zu tun!
Um die ersten Pflänzchen zu begrüßen und alles für eine gute Sommersaison vorzubereiten, sind einige Arbeitseinheiten notwendig. In diesem Kapitel möchte ich einige praktische und nachhaltige Tipps geben, wie man den Garten oder Balkon mit wenig Aufwand auf Vordermann bringen und im Einklang mit der Natur den Jahreskreislauf genießen kann.

Nachhaltig gärtnern

Frühjahrsputz im Garten

Im März beginnt die Gartensaison, die gezogenen Pflänzchen stehen drinnen in der Wärme bereit und warten auf ihren Umzug ins Freie im späteren Frühjahr. Davor sollten Garten, Terrasse und Balkon aber einem gründlichen Frühjahrsputz unterzogen werden. Dazu gehören das Entfernen von altem Laub und vertrockneten Pflanzenresten, das Säubern der Beete und das Entfernen von Unkraut auch aus Ritzen und an den Rändern. Auch sollte man jetzt das erste Mal den Rasen mähen und Sträucher und Bäume schneiden.

Tipp:

Auf Einweg-Handschuhe verzichten und wiederverwendbare Gartenhandschuhe aus Baumwolle besorgen.

Jetzt ist es auch Zeit, die Gartenaccessoires zu checken und bei Neuanschaffungen eine nachhaltige Wahl zu treffen. Ein Gartenschlauch aus Naturkautschuk z. B. ist nicht nur umweltfreundlicher, sondern auch langlebiger. Bei Handgeräten wie Besen genügt es meist, nur den abgearbeiteten Teil mit den Borsten zu ersetzen, anstatt ein komplett neues Gerät zu kaufen. Das schont die Umwelt und spart Geld!

Vielfalt säen

Bei der Bepflanzung der Beete und Töpfe kann man umfassend auf Nachhaltigkeit setzen. Es ist super wichtig, Bio-Erde und – wenn überhaupt – nur ökologische Düngemittel zu verwenden, vor allem wenn wir das Obst und das Gemüse im Sommer ernten und essen wollen.

Auch auf die Auswahl der Pflanzen kommt es an! Beim Pflanzenkauf ist es wichtig, auf einheimische Sorten, die sich an das Klima und den Boden in der Region angepasst haben, zu setzen. Das hat durchaus auch praktische Gründe, denn sie benötigen weniger Pflege und sind widerstandsfähiger gegenüber Schädlingen und Krankheiten.

Wenn dennoch ungebetene Gäste auftauchen, gibt es biologische Mittel, um sie wieder loszuwerden: Mit Hilfe z. B. von Nützlingen wie Marienkäferlarven kann man Blattläuse, Spinnmilben und Schildläuse in Schach halten.

Wer gern Gemüse ziehen und im eigenen Garten ernten will, kann auch alte Sorten probieren. Ein wichtiges Kriterium für die Auswahl der Samen ist eine Bio-Zertifizierung – aber das ist nicht alles. Wer die eigene Ernte im Garten langfristig planen will, sollte auf samenfestes Saatgut achten. Das bedeutet, dass man nach der Blüte die Samen selbst abernten und im nächsten Jahr wieder aussäen kann und die nächste Generation wieder einen guten, geschmackvollen Ernteertrag liefert.

Eine schöne Möglichkeit, nachhaltig Gemüse wie Tomaten, Paprika oder Salat zu pflanzen, sind selbst gebaute Mini-Hochbeete. Hierfür benötigt man nur wenige Materialien wie Holzkisten, -paletten oder Ziegelsteine. Diese kleinen, teilweise vertikalen Hochbeete bieten auch einen perfekten Platz, damit Kinder erste Garten-Erfahrungen sammeln können.

Wer nur wenig Platz auf dem Balkon hat, muss nicht auf Grün verzichten: Mit einer einfachen Pflanzenwand aus Paletten kann man platzsparend pflanzen und schafft sich so auch noch einen tollen Sicht- und Sonnenschutz (siehe S. 38). Das ist ideal für kleine Stadtgärtchen.

Nachhaltige Gartendekoration

Auch die Gartendekoration kann nachhaltig und umweltfreundlich sein. Holz, Stein und Ton sind eine kleine Auswahl an natürlichen Materialien, die sich im Freien das ganze Jahr über als Deko-Elemente eignen und Plastik komplett außen vor lassen. Aus alten Gläsern oder Flaschen lassen sich Windlichter und Vasen machen. Und auch selbst gebaute Vogelhäuser, Insektenhotels oder Nistkästen sind eine tolle Möglichkeit, um den Garten zu verschönern und gleichzeitig etwas Gutes für die Natur zu tun.

Gartenarbeit mit Kindern

Die Gartenarbeit ist eine wundervolle Möglichkeit, Kinder spielerisch an die Natur und die Umwelt heranzuführen – so lernen sie im Tun und erfahren binnen weniger Wochen, wie sehr sich diese Arbeit lohnt. Das Staunen ist groß, wenn die ersten grünen Blätter aus der Erde kommen. Sobald sie ihre ersten Früchte und Blüten ernten, wird die Freude riesig sein.

Tipps zum Gärtnern mit Kids

Lass die Kinder beim Frühjahrsputz im Garten helfen. Kinder finden es spannend, wenn sie selbst mit anpacken dürfen. Zeige den Kindern, wie man Unkraut entfernt oder das Laub harkt. Auch das Säubern und Umgraben der Beete ist für Kinder interessant, da sie dabei oft Käfer oder andere Insekten entdecken.

Beziehe die Kinder in die Planung der Bepflanzung mit ein. Plant zusammen, welche Pflanzen ihr setzen möchtet, und fragt, welche Farben oder Blütenformen den Kindern gefallen. Auch das Einlegen der Samen ist für Kinder ein spannendes Erlebnis.

Ermögliche den Kindern, selbst Pflanzen zu ziehen. Dafür benötigen sie nur wenige Materialien wie Töpfe, Erde und Samen. Jedes Kind bekommt so die Verantwortung für eine Pflanze. Gemeinsam könnt ihr dann beobachten, wie die kleinen Pflanzen keimen und wachsen.

Verwandle eine Ecke des Gartens in einen Abenteuerspielplatz. Mit einfachen Mitteln wie Steinen, Baumstämmen oder Holzkisten entsteht eine tolle Spielumgebung. Auch selbst gebaute Klettergerüste oder Zelte sind eine tolle Möglichkeit, Kinder spielerisch an die Natur heranzuführen.

Nutzt die Natur als Spielzeug. Kinder finden viel Freude daran, mit Naturmaterialien zu spielen. Sammelt Steine, Blätter oder Äste und nutzt sie für kreative Spiele oder kleine Bastelprojekte.

Pflanzwand aus Paletten

Die einfache und sehr platzsparende Möglichkeit, selbst Blumen, Kräuter oder auch Pflücksalat auf dem Balkon zu ziehen, ist eine vertikale Lösung. Wir haben uns für unsere kleine Terrasse aus drei Holzpaletten eine einfache Pflanzwand gebaut. Sie besteht aus zwei übereinander gestapelten Paletten und einer dritten, die den Standfuß bildet. Weil unser Balkon recht schmal ist, haben wir die Paletten jeweils in der Hälfte geteilt. Du kannst aber natürlich auch ganze Paletten verwenden.

Du brauchst

Für 1 hohe Pflanzwand

- 3 Paletten (Europaletten)
- Stichsäge
- Brecheisen, Hammer
- 6 kleine Lochbleche
- 24 Schrauben (passend zum Lochblech)
- Lack und Pinsel (für den Anstrich)
- 1 Meter Folie (z. B. Müll- oder Blumenerde-Sack)
- 1 Sack Blumenerde
- 1 Handvoll Samen oder ein paar Seed-Bombs

So geht's

Schneide die Paletten zunächst jeweils in zwei Teile: Setze den Schnitt dort, wo die mittlere Strebe endet. So erhältst du einen größeren und einen kleineren Teil. Ein breiterer Teil wird die Basis und die beiden schmäleren Teil die Rückwände.

Entferne mithilfe eines kleinen Brecheisens die Mittelbretter der Oberseite (kürzere Nägel!). Diese etwas schmaleren Bretter passen genau, um die späteren Pflanzkästen von unten abzuschließen. So entsteht kein Verschnitt oder Abfall, und sogar die Nägel werden wiederverwendet!

Stelle die beiden schmäleren Palettenteile übereinander und schraube sie an den Seiten mit jeweils einem Lochblech und vier Schreiben zusammen.

Setze die beiden Paletten auf das breitere Palettenteil, das die Basis bildet. Schraube alles ebenfalls an den Seiten mit einem Lochblech und vier Schrauben zusammen. Um einen guten Stand zu gewährleisten, fixiere das Ganze, indem du rechts und links je eines der zuvor entfernten Bretter schräg festschraubst.

Nagle nun weitere der zuvor von der Oberseite entfernten Bretter von unten als Böden an die Palettenfächer, damit die Pflanzkisten entstehen.

Wenn du möchtest, kannst du die Palette jetzt streichen. Gut trocknen lassen.

Jetzt geht's ans Finetuning: Kleide jede der kleinen Kisten der Pflanzenwand mit Folie aus, stich Löcher zur Entwässerung hinein und fülle sie mit guter Pflanzenerde.

Pflanzen selbst ziehen

Um Pflanzen selbst auszusäen, braucht man nur etwas hochwertige Erde (Bio-Gemüseerde) und ein kleines Gefäß. Die meisten Gemüsepflanzen möchten es zum Keimen warm haben, darum lieber drinnen vorziehen. Als Pflanzgefäße eignen sich leere Toilettenapierrollen oder Eierkartons. Ein paar Löffel Erde hineingeben, die Samen gleichmäßig verteilen und regelmäßig behutsam gießen. Für eine »Gewächshaus-Effekt« einfach eine leere klare Plastik-Verpackung darüberstülpen!

Ohrwurm-Haus

Ein Ohrwurmhaus unterstützt die natürliche Schädlingsbekämpfung, da Ohrwürmer Schädlinge wie Blattläuse fressen. Indem du ihnen eine sichere Behausung baust, förderst du die Artenvielfalt in deinem Garten. Mit Ohrwürmern als natürlichen Fressfeinden ist es möglich, den Einsatz von chemischen Pestiziden zu reduzieren oder komplett zu vermeiden. So ein Haus ist sehr einfach zu machen!

Du brauchst

Für 1 Ohrwurm-Haus

- 1 kleiner Blumentopf aus Ton
- etwas Heu / Stroh
- Kartoffelnetz (oder Hasendraht)
- Bindfaden

So geht's

Den kleinen Blumentopf aus Ton locker mit trockenem Heu oder Stroh ausstopfen.

Das Netz über die große Öffnung legen und den Topf mit dem Bindfaden umwickeln, um das Netz zu befestigen. Statt eines Gemüsenetzes kann man auch feinmaschigen Draht verwenden.

Das fertige Ohrwurm-Haus direkt im Beet ganz dicht an die Pflanze, z. B. einen Rosenbusch, legen.

Tipp:

Wenn du dein Ohrwurm-Haus aufhängen möchtest, ziehe ganz zu Anfang einen doppelt gelegten Bindfaden durch das kleine Loch. Verknote den Faden im Inneren des Topfes so oft, bis der Knoten nicht mehr durch das Loch rutscht. Jetzt kannst du das Haus dicht am Stamm auch an einen Ast hängen.

Pflanzenschilder aus Ton

Wenn du Gemüse oder auch Blumen ausgesät hast, möchtest du natürlich auch später wissen, was wo keimt. Dafür sind Pflanzenschilder sehr nützlich. Ich finde, sie dürfen auch richtig schön sein und mache sie deshalb gerne aus Modelliermasse oder lufttrocknendem Ton.

Du brauchst

Für 4 Schilder

- 50 g Modelliermasse, lufttrocknend
- Buchstaben-Prägestempel
- Nudelholz zum Ausrollen
- Lineal
- Messer

So geht's

Die Modelliermasse kneten und etwa 0,5 cm dick ausrollen.

In Streifen schneiden, z. B. 1 × 10 cm, dabei evtl. das Lineal zu Hilfe nehmen.

Die Streifen an einer Seite spitz zuschneiden und die Ränder glätten.

Mit Buchstaben-Prägestempeln die Namen der Gemüse- oder Obstsorten in die noch weiche Masse stempeln.

Zwei bis drei Tage lang durchtrocknen lassen und dann zur Saat ins Beet oder in die Töpfe stecken.

Wenn die Schilder länger haltbar sein sollen, dann überziehe sie mit Klarlack.

Ohne Lack halten sie aber locker, bis die Pflanzen groß genug sind, um sie zu erkennen!

Naschgarten für Kinder:

→ Minigurken
→ Erbsen
→ Erdbeeren

Saatgut z. B. aus dem Online-Shop von Arche Noah: shop.arche-noah.at

»Wir haben die Natur von unseren Eltern geerbt. Wir haben sie aber auch von unseren Kindern geliehen.«

Richard von Weizsäcker

April

Ostern ist eine der schönsten und traditionsreichsten Feierlichkeiten des Jahres. Dieses Familienfest bietet wie jeder Anlass viele Möglichkeiten, um nachhaltige und umweltfreundliche Akzente zu setzen und trotz Rücksicht auf die Traditionen umzudenken und Neues zuzulassen. In diesem Kapitel möchte ich dir einige nachhaltige Ideen für die Osterdekoration, Ostergeschenke und für das Fest vorstellen.

Nachhaltiges Osterfest

Natürliche Osterdekoration

Die Deko und der Schmuck für den Osterstrauch kann nachhaltig und umweltfreundlich sein, ohne Charme einzubüßen. Verzichte auf Plastik-Hasen und -Eier und setze auf natürliche Materialien wie Holz, Stroh oder Papier. Eine einfache Idee sind z. B. selbst gemachte Osterkörbchen aus Naturmaterialien wie Weidenzweigen oder Stroh. Auch leere Eierkartons sind ideal dafür – anstatt sie wegzuwerfen, bekommen sie auf diese Weise eine zweite Chance. Die Körbchen können wunderbar mit frischen Blumen oder Gräsern dekoriert werden. Auch der Osterstrauch kann nachhaltig gestaltet werden. Selbst gepflückte Äste, Blumen oder Gräser aus dem Garten können wunderschön sein und zusammen mit zartem Schmuck natürlichen Charme verbreiten.

Eine weitere Idee ist das Basteln von Osterkränzen aus Naturmaterialien wie Zweigen oder Ästen. Hier kannst du kreativ werden und sie mit Eiern, Federn oder Blüten dekorieren. Der Osterkranz passt an die Eingangstür genauso wie als Center-Piece auf dem festlich gedeckten Tisch zum Osterbrunch oder zur Jause mit der Familie.

Zum Bemalen und Verzieren vor den Festtagen bieten sich eiförmige Rohlinge aus dem DIY-Laden an, die Kinder super gestalten können, ebenso wie Deko-Eier aus Holz. Mithilfe von Farben, Pailletten, Pompons oder Stempeln entstehen kreative Eier, und die Kinder haben eine schöne, kreative Beschäftigung für die Ferien.

Nachhaltig Basteln:

Basteln macht am meisten Spaß, wenn man die Materialien nicht erst zusammensuchen muss. Dafür hat bei uns jedes Material seinen Platz in einem kleinen Bastelwagen. So hat man einen guten Überblick und es wird auch nichts verschwendet.

Es müssen auch nicht immer neue Materialien sein: Altpapier, Schnipsel und Bilder aus Magazinen oder die silberfarbene Innenschicht von Getränkeverpackungen bieten jede Menge Möglichkeiten, um nachhaltig und ohne den Verbrauch von neuen Ressourcen zu basteln.

Nachhaltige Ostergeschenke

Verzichte auf Einweg-Geschenkverpackungen, Ostergras aus Kunststoff und generell auf zu viele Geschenke und setze auf nachhaltige Alternativen wie Stoffbeutel oder Geschenkpapier aus Recycling-Materialien. Auch die Geschenke selbst sollten nachhaltig und umweltfreundlich sein: Am besten, du bringst nur Kleinigkeiten mit und verschenkst Zeit. Gutscheine fürs Babysitten, für einen Nachmittag am See oder ein Picknick mit Muffins kommen bei allen Beschenkten gut an. Meist mangelt es uns allen ja gerade daran, und wer Zeit schenkt, gewinnt selbst jede Menge wunderbarer, unvergesslicher Momente.

Eine tolle Idee sind selbst gemachte Geschenke, wie z. B. ein selbst gebackenes Osterbrot oder Ostergebäck. Diese können einfach und hübsch in ein Küchentuch verpackt und mit einem persönlichen Gruß übergeben werden.

Für Kinder sind selbst gemachte Spielsachen eine tolle Möglichkeit, um nachhaltig zu schenken. Eine selbst genähte Puppe, ein gehäkelter Kuschelhase oder einfaches Holzspielzeug sind nicht nur einzigartig, sondern dazu langlebig und umweltfreundlich. Auch ein Gutschein für ein gemeinsames Bastelprojekt oder einen Ausflug in den Zoo können tolle Geschenkideen für Kinder sein.

Das Osterfest bietet viele Möglichkeiten, um nachhaltig zu feiern, zu essen und zu schenken. Mit einigen einfachen Tipps, Tricks und ein wenig Kreativität können auch traditionelle Feierlichkeiten umweltfreundlich und nachhaltig gestaltet werden.

Ostern – ganz vegan

Die Ostereiersuche ist einer der beliebtesten Osterbräuche. Wer gern auf tierische Produkte und damit auch auf die für Ostern typischen Eier verzichten möchte, kann die Eiersuche mit den Kids auch anders gestalten, indem man z. B. statt der üblichen gekochten und gefärbten Eier solche aus Holz oder Pappmaschee versteckt. Im Bastelladen findet man auch Eier aus Pappe, die man öffnen und befüllen kann. Hierin machen sich z. B. kleine vegane Schokoeier super. Die Auswahl an veganen Schokoladensorten ist mittlerweile richtig umfangreich.

Auch das Essen zu Ostern kann ohne Probleme vegan gehalten werden. Zum Oster-Familienbrunch kann es etwa Quiches, Galettes und Suppen, vegane Burger mit Falafel und Humus und viel frisches Obst und Waffeln als Dessert geben. Wenn die Auswahl an Beilagen vielfältig ist, findet jede:r etwas, und am Ende fehlt nichts.

Damit die Auswahl übersichtlich und appetitlich gestaltet wird, richte ich gern alles frei zugänglich auf einem extra Tisch oder auf der Küchentheke an.

Tipp:
Aus übrig gebliebenem Gemüse, z. B. von den Beilagen des Oster-Menüs, kann man super in den folgenden Tagen eine leckere Suppe oder deftigen Eintopf zubereiten.

Viele, viele Eier

Traditionell werden an den Osterfeiertagen sehr viele Lebensmittel gekauft und verkocht – oftmals aber nicht gegessen. Vor allem die zu Ostern traditionellen gekochten und gefärbten Eier sind in jedem Haushalt zuhauf vorhanden. Wenn nach den Feiertagen noch hart gekochte Eier übrig sind, ist das kein Grund, sie zu entsorgen. Gekochte Eier sind ab dem Kochzeitpunkt zwei Wochen gekühlt haltbar und können so auch nach Ostern noch für viele gute Mahlzeiten, mehr Nachhaltigkeit in der Küche sorgen und viel Geld im Familienbudget sparen.

10 Rezepte für hart gekochte Eier

Eiersalat: gekochte Eier klein schneiden und mit Mayonnaise, Senf, Essig, Salz, Pfeffer und frischen Kräutern vermischen. Dazu passt getoastetes Brot (vom Vortag) oder Fladenbrot.

Cobb Salad: Avocado, Hühnchen, Tomaten und Käse, evtl. auch Schinken oder Speck, ergeben zusammen mit gekochten Eiern und grünem Blattsalat diesen amerikanischen Salat-Klassiker. Das authentische Dressing wird aus Rotweinessig, Zitronensaft, Worcestershire-Sauce, Senf, Knoblauch und Olivenöl im Blender gemixt.

Gebratener Reis: gekochte Eier mit einer beliebigen Mischung aus Gemüse und Reis anbraten. Das ist ein feiner Mittagssnack, der auch im Büro schmeckt und super vorzubereiten ist.

Deviled Eggs: gekochte Eier halbieren und das Eigelb entfernen. Eigelbe mit Mayonnaise, Senf, Salz, Pfeffer und Kräutern würzen und mithilfe einer Spritztülle in die Eierhälften füllen. Dazu passt grüner Salat oder Gurkensalat.

Spinat-Ei-Frittata: Ja, es schmecken auch gekochte Eier als Zutat in einer Spinat-Fritatta. Dazu die gekochten Eier fein würfeln und mit den anderen Gemüsezutaten, wie Spinat, rote und gelbe Paprika und Frischkäse in die Pfanne geben. Salz und Cayennepfeffer geben den Pfiff.

Kartoffelsalat: Gekochte Eier sind hervorragend als Zutat in einem Kartoffelsalat. Zusammen mit den Kartoffeln, Gurken, Zwiebeln, Paprika und Mayonnaise ergibt es eine vollwertige Mahlzeit. Dazu passt eine Scheibe Toastbrot.

Brotbelag: Gekochte Eier in Scheiben auf getoastetem Brot schmecken als Frühstück oder als einfaches Abendessen. Als Extra passen noch Mayonnaise, Senf, Salatblätter und Tomaten dazu.

Salade Niçoise: Gekochte Eier sind super als Zutat in diesem leckeren Salat. Außerdem kommen noch Thunfisch, Tomaten, Oliven, grüne Bohnen und Kartoffeln hinzu. Ein echt gutes Dressing besteht aus Weißweinessig, Dijon-Senf, Olivenöl und etwas Knoblauch.

Huevos Rancheros: Gekochte Eier passen gut in das traditionelle mexikanische Frühstücksgericht. Es besteht aus einer Tortilla, Bohnenmus, Salsa und – statt des Spiegeleis – einem gekochten Ei. Mit Limette, Basilikum und einigen Feta-Bröseln wird es lecker abgerundet.

Ei-Muffins: gekochte Eier im Blender fein hacken und zusammen mit Gemüse, Käse und Gewürzen in Muffin-Formen geben. Kurz im Backofen backen.

Hasen aus Holzscheiben

Kinder lieben Hasen. Sie sind einfach ein wirklich schönes Symbol für den Neuanfang im Frühling und eignen sich für viele Deko-Ideen rund um Ostern. Kinder ab etwa vier Jahren können mit etwas Hilfe ihre eigenen Häschen gestalten!

Wir lieben Holz als Ausgangsmaterial, weil es sehr vielfältig ist und sich einfach gestalten lässt. Ein Ausflug in den Baumarkt lohnt sich: Unbehandelte Holzscheiben sind perfekte für Mini-Häschen.

Du brauchst

Für ein Häschen

- → 1 unbehandelte Holzscheibe, Ø ca. 4–5 cm, ca. 1 cm dick
- → Filzstifte in Schwarz und Rosa
- → etwas Filz oder festen Stoff (alternativ ein Rest braunes Buntpapier)
- → Bastelkleber
- → Bindfaden, ca. 14 cm lang

So geht's

Mit den Filzstiften das Gesicht auf die Holzscheibe malen.

Aus dem Filz zwei längliche, zugespitzte Formen für die Ohren ausschneiden und auf der Rückseite der Holzscheibe festkleben.

Den Bindfaden hälftig falten, einen Knoten machen und die so entstandene Schlaufe ebenfalls auf die Rückseite festkleben.

Sobald alles gut trocken ist, können die Hasen auf den Osterstrauch gehängt werden.

Ostereier färben

Das Osterfest ist fast untrennbar mit dem Kochen und Färben von Hühnereiern verbunden. Die lange Tradition wird auch von uns gern fortgesetzt, allerdings achte ich darauf, ausschließlich Bio-Eier zu verwenden und koche nicht mehr als drei Eier pro Person.

Du brauchst

Für jeweils 3 gefärbte Eier

- → 12 hart gekochte Eier
- → 3 Avocados, nur die Schalen
- → 3 EL Kurkuma
- → 10 Blätter Rotkraut
- → 3 EL Heidelbeeren (evtl. tiefgefroren)

Tipp

Diese einfache Färbe-Methode eignet sich auch für Deko-Eier aus Naturholz. Diese sind immer wieder verwendbar und super schön, besonders, wenn du Ostern gern ohne tierische Produkte und damit noch nachhaltiger feiern willst!

So geht's

Jedes der farbgebenden Lebensmittel in einen eigenen kleinen Topf geben und mit gut zwei Liter Wasser aufgießen.

Aufkochen und den Sud gut umrühren. Leicht abkühlen lassen und die gekochten Eier hineinlegen. Je nach Grundfarbe der Eier entstehen unterschiedliche Farbnuancen!

Wenn die Eier die gewünschte Farbintensität angenommen haben, mit einem Löffel herausnehmen und abtropfen lassen.

Für ein intensiveres Farbergebnis kannst du die Eier auch über Nacht im Farbsud liegen lassen.

Hasen aus Holzfurnier-streifen

Die simplen Holzfurnierstreifen, die man meist im gut sortierten Baumarkt bekommt, sind ideal für natürliche Bastelarbeiten. Wir haben daraus kleine Hasen für unseren Osterstrauß gebastelt.

Du brauchst

Für 1 Hasen

- Holzfurnier, ca. 50 × 2 cm
- Filz
- 1 Woll-Pompon
- Lineal
- Bleistift
- Heißkleber
- Schere
- Tacker
- Nähnadel
- Nähgarn

Tipp

Aus Furnierstreifen kannst du ganz einfach auch hübsche Vögelchen machen. Einfach einen lockeren Knoten machen, mit der Nadel einen Aufhängefaden hindurchziehen und noch eine Holzperle auffädeln. Fertig!

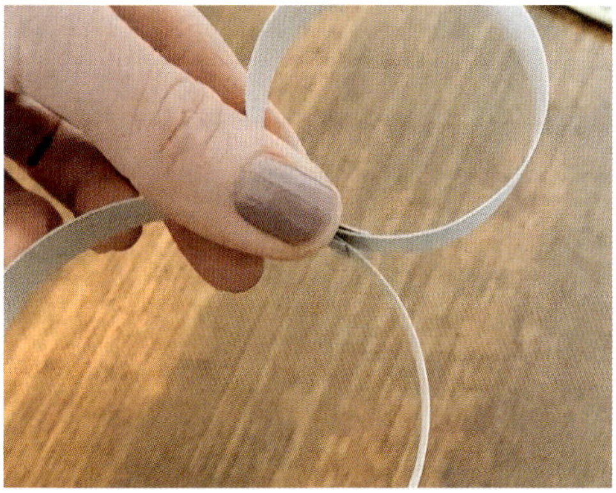

So geht's

Schneide einen 20 cm langen und einen 12 cm langen Streifen vom Furnier ab (Verhältnis etwa 2:1). Die exakte Länge ist beliebig und so ergeben sich unterschiedlich große Häschen.

Biege beide Streifen zu Kreisen und klebe die Enden mit Heißkleber fest. Der kleinere Kreis wird der Kopf, der größere der Körper.

Schneide beim Kopf an einer Stelle vorsichtig einen etwa 3 cm langen Längsschlitz in das Furnier. Hier kommen die Ohren hin.

Schneide dafür aus dem Filz zwei längliche »Ohren« aus und stecke sie durch den Schlitz.

Klebe die beiden Kreise so aneinander, dass die Ohren oben sind. Wenn das nicht gut hält, kannst du die Kreise auch zusammentackern.

Klebe dann das Pompon unten mittig an den großen Kreis. Ziehe zwischen den Ohren einen Faden durch den kleinen Kreis, damit du den Hasen ans Fenster oder an ein Regal hängen kannst.

»Der Frühling ist die Art und Weise, wie die Natur sagt: 'Lasst uns feiern!'«

Robin Williams

Hasen-Mobile aus Klopapierrollen

Das Mobile passt ins Kinderzimmer oder ans Fenster!
Und ist super einfach zu machen.

Du brauchst

Für 1 Mobile mit 8 Hasen

- → 4 leere Toilettenpapier-Rollen
- → Nadel und Faden (optional gelingt es auch mit Heißkleber)
- → kleine Federn
- → kleiner Ast, ca. 50 cm lang
- → Schnur

So geht's

Mit der Schere die Toilettenpapier-Rollen in Ringe schneiden. Die Kinder können sie dann leicht falten, sodass ein »Gesicht« und »Ohren« entstehen.

Aus einem querliegenden und zwei längsliegenden Rollenabschnitten wird ein Häschen. Mit Nadel und Faden aneinander festnähen. Wenn du mit Kindern bastelst, hilf ihnen hierbei. Alternativ kannst du auch Heißkleber verwenden.

Ziehe ein längeres Stück Faden als Aufhänger mittig zwischen den Ohren hindurch und verknote es. Fertige auf diese Weise noch fünf weitere Häschen.

Die fertigen Häschen mit längeren Fäden in unterschiedlicher Höhe an einen kleinen Ast binden. Wenn du möchtest, kannst du auch zwischendurch kleine Federn einbinden.

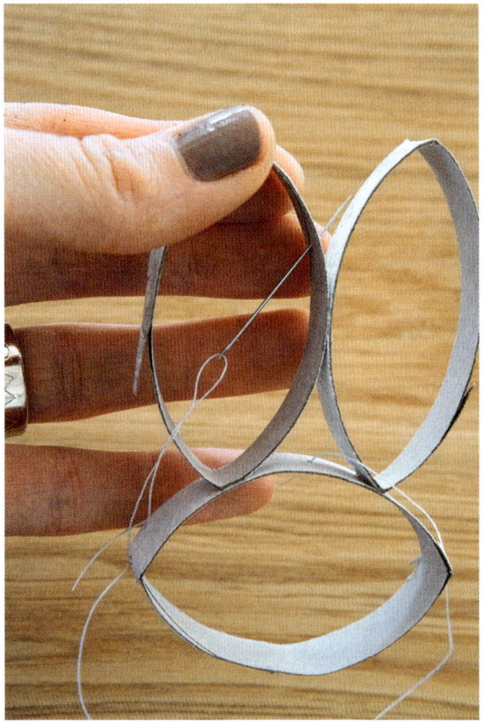

An beiden Enden des Astes die Schnur befestigen, sodass du das Mobile daran aufhängen kannst.

Tipp:

Wenn ich mit Kids etwas aufwändigere Projekte wie dieses hier bastle, teile ich die Arbeitsschritte gern auf mehrere Tage auf! Weil Kids nicht lange stillsitzen können, gelingt es so einfach besser und stressfreier.

Mai

Der Mai ist endlich da und mit ihm die wohl schönste Zeit des Jahres. Die Natur blüht auf und wir können endlich wieder mehr nach draußen gehen und die frische Luft genießen. In diesem Kapitel möchte ich dir einige nachhaltige Outdoor-Aktivitäten ans Herz legen, die du mit deiner Familie unternehmen kannst.

Raus in die Natur!

Wandern

Zu Fuß gehen ist eine wunderbare, langsame und achtsame Möglichkeit, die Natur zu erleben und gleichzeitig aktiv zu sein. Achte jedoch darauf, dass du auf den markierten Wegen bleibst. So vermeidest du Schäden an der Natur und sorgst dafür, dass auch andere Wanderer die Strecke genießen können. Für die Wegzehrung verzichte natürlich auf Einweg-Verpackungen und verwende stattdessen Mehrwegflaschen oder Brotboxen.

Eine schöne Idee ist es, eine Decke mitzunehmen und ein Picknick in der Natur zu machen. Auch hierfür brauchst du kein Plastik, denn es gibt nachhaltige Alternativen wie Bambus-Geschirr oder Edelstahl-Becher. Das Picknick kann durchaus aus das Ziel der Familienwanderung sein. Damit wird der Weg weniger anstrengend, denn Kinder gehen oft nicht so gern lange Strecken und z. B. einer Aussicht von einem Berggipfel können sie wesentlich weniger abgewinnen als wir Erwachsenen.

Als andere motivierende Idee kannst du eine kleine Challenge veranstalten und nach Naturschätzen Ausschau halten. Das macht richtig Spaß, und am Ende bleiben viele kleine Erinnerungen an ein gemeinsames Erlebnis: Vereinbart dazu im Vorfeld, was ihr sammeln oder suchen wollt! Schneckenhäuser, besondere Blätter, Nussschalen … und am besten nehmt ihr kleine Papiersäckchen oder leere Boxen mit, um die Schätze gut transportieren zu können.

Damit keine Langeweile aufkommt, überlege dir schon im Vorfeld ein paar Spiele, die du mit den Kindern spielen kannst.

Bäume raten ist etwas, das Kids ab etwa fünf Jahren gut können und das allen Spaß macht. So geht es: Sucht euch drei oder vier Bäume in der Umgebung aus, dann wird einem Kind eine Augenbinde aufgesetzt. Führe das Kind nun zu einem Baum und lasse es riechen, fühlen und tasten. Dann geht es mit verbundenen Augen wieder zum Ausgangspunkt retour. Jetzt wird die Augenbinde abgenommen und losgeraten. Welcher Baum war es, der gerade blind befühlt wurde? Je älter die Kinder, desto mehr Bäume kannst du einbeziehen!

Wir nehmen zum Wandern oder zu ausgedehnten Waldtouren auch immer einen leeren Müllsack mit und sammeln auf, was nicht hierher gehört. Den Müll, den wir finden, bringen wir dann am Ende Wanderung in einen öffentlichen Müllcontainer oder nehmen den Beutel mit heim und trennen dort.

Wenn du noch mehr über das Thema Nachhaltigkeit beim Wandern erfahren möchtest, kannst du dich bei Wandergruppen oder Umweltverbänden erkundigen.

Radfahren

Radfahren ist nicht nur umweltfreundlich, sondern dabei kann man auch wunderbar gemeinsam mit der Familie Zeit in der Natur verbringen. Mit dem Rad könnt ihr auch längere Strecken recht mühelos bewältigen.

Als Pause lieben die Kinder Picknick, und dafür kann man ideal (und nachhaltig) alle Lieblingssnacks vorbereiten. So wird der Ausflug nicht zu einem Ein-Tages-Event, sondern schon davor können alle mithelfen. Die Planung, der Einkauf und das Backen und Vorbereiten der Snacks und Getränke macht mehr Spaß, wenn man es zusammen erledigt. Die Kinder lernen so ganz nebenbei, wie man statt fertiger Zuckerriegel und Softdrinks mit wenigen Handgriffen und aus natürlichen Zutaten feine Energiespender macht. Und so wird ganz easy auch noch jede Menge Plastikverpackung eingespart. Bienenwachstücher zum Transportieren und Frischhalten könnt ihr auch selbst machen (siehe S. 66).

So wird der Weg zum Ziel, und wenn wir ganz ehrlich zu uns selbst sind, dann ist es genau das, was wir Erwachsene so dringend brauchen.

Naturerkundungen

Auch Naturerkundungen bieten tolle Möglichkeiten, nachhaltig Zeit in der Natur zu verbringen. Gehe gemeinsam mit deiner Familie auf Entdeckungsreise und erkunde die Wälder, Flüsse und Wiesen in deiner Umgebung.

Diese Entdeckungsreisen in der näheren Umgebung sind perfekt für den Frühling und funktionieren auch bei wechselhaftem Wetter und sogar an regnerischen Tagen. Regenpfützen und nasse Bäume sind super faszinierend für Kinder! Auch Regenwürmer retten, Schnecken über die Straße tragen oder erste Marienkäfer bewundern ist wirklich ein Erlebnis und kann schon mal dauern.

So wird der Weg zum Ziel, und wenn wir ganz ehrlich zu uns selbst sind, dann ist es genau das, was wir Erwachsene so dringend brauchen.

Dieses Verweilen im Moment und das kindliche Staunen sind geniale Methoden, Stress aus dem Alltag zu reduzieren. Dabei ist sogar egal, wie weit man es am Ende schafft! Wenn die spannende Sache direkt um die Ecke passiert, dann ist das auch gut.

Nicht nur Tiere können Kinder faszinieren – auch die bunte, oft übersehene Pflanzenwelt direkt am Straßenrand oder vor dem Wald ist sehr spannend. Mithilfe von einfachen Pflanzen- und Wildkräuterbestimmungen lernen die Kinder ganz nebenbei mehr über die Kraft der Natur. Spitzwegerichblätter können z. B. sehr nützlich sein, wenn einen eine Biene, eine Wespe oder ein anderes Insekt gestochen hat.

Tipp:

Schafgarbe, Lavendel, Spitzwegerich, Getreidehalme – alle diese wilden Blüten und Pflanzen eignen sich außerdem super für das Gestalten zauberhafter Naturbilder.

Weben mit wilden Blüten

Wer mit Kindern in der Natur unterwegs ist, kennt das: Die Kleinen lieben es, alles Mögliche zu sammeln und auch Blümchen, Gräser oder Halme zu pflücken. Weil es meistens kein ganzer Strauß wird und auch nicht alles einfach wieder weggeworfen werden sollte, habe ich mir das Web-Bild mit Blüten überlegt.

Du brauchst

- 4 Holzstöckchen oder kleine Äste, ca. 1 cm Ø
- Bindfaden oder Paketschnur
- Blüten, Halme, Gräser, Wildkräuter

So geht's

Die vier Stöckchen zu einem Rechteck legen, dabei die Enden überstehen lassen. An den Kreuzungspunkten an allen vier Ecken die Stöcke mit Bindfaden umwickeln und festknoten.

Den Bindfaden an einer Ecke festknoten. Den Faden wie bei einem Webrahmen in gleichmäßigen Abständen von oben nach unten und wieder zurück über den Rahmen spannen, bis die ganze Breite bespannt ist.

Zum Schluss den Faden wieder festknoten. Die Bespannung hält besonders gut, wenn man den Faden am Stock ein- bis zweimal verdreht. Dann nach Lust und Laune die Kräuter und Gräser einweben.

Schafgarben-Balsam

Wenn du Schafgarbe am Wegrand findest, nimm gleich einige Blüten davon mit. Die Schafgarbe ist ein Wiesenkraut und wächst anspruchslos in sonnigen Bereichen. Ihre Blüten enthalten wertvolle entzündungshemmende Inhaltsstoffe (Gerbstoffe) sowie ätherische Öle, für die sie als Heilpflanze geschätzt wird.

Schafgarbe wird vor allem für die Wundheilung eingesetzt. Unser Balsam wirkt entzündungshemmend und man kann damit kleine Kratzer oder Ekzeme sehr gut behandeln. Im Zweifelsfall immer einen Apotheker oder Arzt zurate ziehen!

Zutaten

Für 3 Tiegel à 30ml

für das Schafgarben-Öl

- 6 Schafgarben-Blütendolden
- 80 ml Olivenöl

für den Balsam

- 80 ml Schafgarben-Öl
- 8 g Lanolin
- 3 g Bienenwachs (Pastillen)
- 2 TL Kokosöl

Zubereitung

Zuerst wird etwa drei Monate im Voraus das Schafgarben-Öl hergestellt. Dafür mindestens sechs Blütendolden von der Schafgarbe pflücken und einige Wochen kopfüber trocknen lassen. Dann die Blüten abschneiden und in ein Schraubglas legen. Mit hochwertigem Olivenöl übergießen, vier bis sechs Wochen lang stehen lassen und dann abseihen. So erhält man einen öligen Auszug mit den wertvollen Inhalts- und Wirkstoffen der Schafgarbe.

Für den Balsam das Bienenwachs im Wasserbad bei mäßiger Hitze langsam schmelzen und mit dem Lanolin und dem Kokosöl vermischen.

Das Schafgarben-Öl langsam dazu gießen und alles gut verrühren. In Tiegel abfüllen und aushärten lassen.

Tipp

Wer mag, kann noch zwei bis drei Tropfen Lavendelöl in Bio-Qualität dazugeben.

Den Schafgarben-Balsam mehrmals täglich dünn auf die Haut auftragen und sanft verteilen.

Blüten-Windlichter

Wenn du bunte Blütenblätter ohne Stiele findest, dann sammle sie unbedingt ein! Du kannst die Blüten pressen und daraus wunderschöne Windlichter aus alten, leeren Marmeladengläsern basteln.

Mithilfe von ungiftigem Kleber ist dies ein schönes naturnahes Projekt, das man auch mit sehr kleinen Kindern umsetzen kann. Es ist auch als kleine Anerkennung oder als Abschiedsgeschenk für Kita Pädagog:innen oder Lehrer:innen super geeignet.

Du brauchst

Für 1 Windlicht

Für den Bastelkleber

- 1 EL Mehl
- 250 ml Wasser
- 1 EL Zucker

Für das Windlicht

- 1 sauberes Schraubglas
- Bastelkleber
- gepresste Blüten und Blätter
- Pinsel

So geht's

Für den Bastelkleber das Wasser in einem kleinen Topf erhitzen und mit einem Schneebesen das Mehl einrühren. Bei niedriger Hitze den Zucker unter ständigem Rühren zugeben.

Den Topf von der Platte nehmen und auskühlen lassen, dabei beständig weiterrühren. Den Kleber in ein Schraubglas füllen. Im Kühlschrank ist er einige Tage haltbar.

Für das Windlicht den Bastelkleber mit dem Pinsel dünn um das Glas auftragen. Sobald der Kleber etwas angetrocknet ist, vorsichtig die Blüten und Blätter auflegen und festdrücken.

Trocknen lassen und fertig!

Blüten und Blätter pressen

Blüten und Blätter können sehr einfach gepresst werden. Lege sie dazu zwischen zwei Lagen Zeitungspapier und in die Mitte eines dicken Buches. Beschwere das mit weiteren schweren Büchern und lasse es ein paar Wochen liegen.

Eine schöne Alternative für Kinder ist eine Blütenpresse aus zwei dünnen Holzplatten, die an den Ecken mit je einer Schraube fixiert wird. Einfache Blütenpressen gibt es im Bastelladen.

Bienenwachstücher

Jede Mama weiß es: Ohne Snacks das Haus zu verlassen, ist keine gute Idee! Wenn du etwas Essbares für unterwegs willst, kannst du das super müllfrei und sehr praktisch in Bienenwachstücher einpacken. Die Tücher eignen sich für Sandwiches, Cookies oder Brote besonders gut. Auch zum Abdecken von Gefäßen oder zum Einpacken von angeschnittenem Obst und Gemüse im Kühlschrank möchte ich nicht mehr auf sie verzichten.

Du brauchst

Für 1 Wachstuch

- → Baumwollstoff, ca. 30 × 30 cm
- → 1 Handvoll Bienenwachs-Flocken
- → 10 ml Jojobaöl
- → 2 Bogen Backpapier
- → Bügeleisen
- → hitzefeste Unterlage

So geht's

Einen Bogen Backpapier auf eine hitzefeste Unterlage legen. Den Stoff auf das Backpapier legen und glattstreichen.

Die feinen Bienenwachs-Flocken gleichmäßig auf den Stoff streuen. Darauf achten, dass auch in den Ecken Wachs liegt.

Jojobaöl mit der Pipette auf die Serviette tropfen, ebenfalls bis an den Rand träufeln.

Den zweiten Bogen Backpapier darüberlegen und mit viel Hitze und ohne Dampf langsam bügeln. Mehrmals mit dem Bügeleisen darübergleiten, bis das Wachs zergangen ist und mit dem Öl gut in den Stoff eingezogen ist. Das Bienenwachstuch zwischen den Papierbögen auskühlen lassen.

Tipp

Statt Bienenwachs kann man als vegane Alternative auch Carnaubawachs verwenden. Die Vorgehensweise ist dieselbe, die Tücher werden mit dem pflanzlichen Wachs etwas »steifer«, sind aber genauso lange haltbar.

Juni

Vor uns liegen jetzt die Frühsommerwochen! Der Sommer ist da und damit die beste Zeit für Freizeit und Entspannung zusammen mit den Liebsten. Noch bevor es richtig heiß wird, können wir jetzt Ausflüge und Naturabenteuer genießen. In diesem Kapitel möchte ich dir einige Ideen vorstellen, wie du die langen Tage mit gemeinsamen Ausflügen und den Urlaub mit der Familie nachhaltig, umweltfreundlich und aktiv gestalten kannst. Denn – Freizeitgestaltung muss weder teuer noch verschwenderisch sein – ganz getreu dem Motto »collect moments, not things« entstehen so die wertvollen Erinnerungen, von denen ihr als Familie noch lange sprechen werdet.

Freizeit geht auch nachhaltig!

Natur erleben

Jetzt zu Beginn des Sommers gibt es besonders viele Möglichkeiten für nachhaltige Freizeitaktivitäten für Groß und Klein. Ihr könnte z. B. einen Tages- oder Wochenendausflug in einen Nationalpark oder ein Naturschutzgebiet machen. Hier könnt ihr die Natur hautnah erleben und gleichzeitig etwas für den Umweltschutz tun, indem ihr die Umgebung bewusst genießt und schützt. Das fängt schon bei der Planung an. Bei einem solchen Ausflug erfahrt ihr zusammen auf spannende Art und Weise, wie wichtig es ist, unsere natürlichen Ressourcen zu schützen. Oft hängen Schautafeln am Wegrand oder es gibt Entdeckerstationen mit spannenden Informationen rund um das Gebiet. Eine weitere coole Idee ist, geführte Touren mit Rangern aus dem Park zu unternehmen. Die meist gut und wissenschaftlich ausgebildeten Menschen, die ihr Arbeitsleben der Natur und ihrem Erhalt widmen, haben immer die besten Geschichten zu berichten. Das sind die ganz speziellen Erlebnisse, von denen die Kinder auch lange Zeit später immer noch sprechen.

So simpel und doch so genial: Eine Nachtwanderung mit anschließender Übernachtung im Freien (oder im Zelt auf dem Balkon) ist garantiert ein Sommer-Highlight, nicht nur für die Kinder. Stirnlampen und Moskitonetze, Walkie-Talkie und ein paar Snacks machen die Nacht zum Abenteuer.

Außerdem kannst du dich und deine Familie darauf besinnen, in der natürlichen Umgebung ohne viel Ablenkung von Technik oder Screens auszukommen und stattdessen gemeinsam zu genießen und wieder intensiv Zeit miteinander zu verbringen.

Wenn ihr zusammen draußen unterwegs seid, gibt es jetzt richtig viel wertvolle Waldpflanzen und -kräuter zu sammeln. Holunderbüsche wachsen beispielsweise am Waldrand und blühen duftend und einladend. Holunderblüten sind schnell gesammelt und ergeben einen aromatisch-erfrischenden Sirup. Wir trocknen auch immer welche von den gesammelten Blüten und heben sie als Tee für den Winter auf. Wenn dann wieder virale Infekte um sich greifen, ist Holunderblütentee ein sehr sanftes Hausmittel, das Fieber senken und das Immunsystem wohltuend unterstützen kann.

Collect moments, not things!

Die Müll-Challenge

Auch ein Besuch im Freibad oder am See kann nachhaltig gestaltet werden, indem du für deine Verpflegung Mehrweg-Trinkflaschen und -geschirr mitnimmst. Hier kannst du etwa eine große Flasche Wasser mitnehmen und für jedes Familienmitglied einen Becher oder eine Flasche auffüllen. Auf diese Weise kann jeder seine eigenen Dinge wiederverwenden und der Abfall wird reduziert.

Für ein nachhaltiges Picknick oder Barbecue im Freien verwende lokale und saisonale Lebensmittel, die in umweltfreundlichen Verpackungen oder – besser noch – in wiederverwendbaren Behältern erhältlich sind. Auf diese Weise kannst du unnötigen Abfall vermeiden und ein Bewusstsein dafür schaffen, wie unsere Kaufentscheidungen die Umwelt beeinflussen können.

Damit die Vermeidung von Müll (oder konkret von Einwegverpackungen und -plastik) für die Kinder spannend wird, kannst du daraus eine kleine Challenge machen: Vereinbart vorher, was ihr am Tag essen und trinken wollt und spart durch die Planung Spontankäufe. Jedes Familienmitglied bekommt außerdem eine Papiertüte (zum Selbstbasteln siehe S. 33) mit. Hier kommt alles an Müll rein, der sich nicht vermeiden lässt, Eispapier etwa oder Papiertaschentücher. Am Abend könnt ihr dann zusammen schauen, wie viel oder wie wenig echten Müll ihr produziert habt, wie er getrennt werden kann und wo für den nächsten Ausflug noch Potenzial ist.

Sonnenschutz ökologisch

Wer sich viel in der freien Natur aufhält, muss auf den richtigen Sonnenschutz achten! Gerade sehr kleine Kinder sollten überhaupt nur in den frühen Morgenstunden oder am späten Nachmittag in die Sonne und dann am besten mit Hut und langärmeliger Kleidung.

Wenn ihr z. B. am Strand oder am Badeteich zu Sonnenschutzmitteln greifen müsst, dann gibt es auch hier viele Möglichkeiten, trotz gutem Schutz die Umwelt nicht zu vernachlässigen.

Viele Anbieter von Sonnenschutz mit mineralischem Filter kommen ohne Mikroplastik aus. Wer auf Nummer sicher gehen will, sollte Bio-Kosmetik verwenden, die außerdem bestmöglich auf Nanopartikel verzichtet.

Fact:

Mineralische (physikalische) UV-Filter in Sonnenschutz sind kleine Partikel, die das Sonnenlicht reflektieren, weshalb die meisten beim Auftragen »weißeln«. Sie bieten einen guten Schutz gegen ein breites UV-Strahlenspektrum und weisen nur ein geringes Allergie- oder Hautreaktionsrisiko auf. Zinkoxide und Titaniumdioxide sind mineralische Filter, die in handelsüblichen Sonnenschutzmitteln eingesetzt werden. Mehr dazu: @annisbuntewelt

Story Stones

Wer gern Geschichten erzählt oder erfindet, kann das mithilfe von bemalten Steinen machen: Es gibt keine Vorgaben, und jeder Stein ist ein Teil des Ganzen. Reihum wird ein Stein aus einem Säckchen oder einer Box gezogen und dazu eine Geschichte erzählt. Am Ende hat man eine tolle Fantasiereise.

Das ist besonders schön, um die gemeinsamen Erinnerungen aus dem Familienurlaub lange zu bewahren.

Du brauchst

Für 1 Story-Stones-Spiel

- Steine in unterschiedlichen Größen
- Acrylfarben
- Pinsel
- wasserfeste und haltbare Faserstifte
- Stoffbeutel

So geht's

Sammelt gemeinsam Steine, wo ihr gerade unterwegs seid. Jedes Familienmitglied kann sich drei Lieblingssteine aussuchen und mitnehmen.

Die Steine anschließend mit Symbolen, Figuren oder einfach nur mit bunten Farben bemalen. Wenn dich ein Stein z. B. an ein Tier erinnert, kannst du das mit deiner Bemalung hervorheben und ihm so »Leben« einhauchen.

Tipp

Acrylfarben halten gut auf Stein, aber auch Lackstifte sind dazu geeignet, um Steine dauerhaft zu verzieren.

Kurzfristige Steinbilder oder wenn kleine Kinder selbst malen wollen, gelingen mit Kreide.

Steine-Domino

Steine, Steine und noch mehr Steine ... Ich hatte manchmal den Eindruck, dass der Kinderwagen nach einem Spaziergang doppelt so viel wiegt!

Die Steine, die wir unterwegs alle gesammelt haben, habe ich dann nach und nach mit Acryllack bemalt und ein Dominospiel daraus gemacht.

Du brauchst

Für 1 Domino-Spiel

- Steine (etwa in derselben Größe und Form)
- Klebeband
- Acryllack
- Pinsel

So geht's

Die Steine gut reinigen und mittig mit dem Klebeband bekleben. Gut festdrücken.

Dann eine Seite jedes Steins mit einer Farbe bemalen, die andere mit einer anderen. Die Farben sollten ungefähr gleich häufig vorkommen.

Nach dem Trocknen das Klebeband wieder abziehen.

Tipp

Kinder können dieses Spiel spielen, sobald sie die Farben zuordnen können. Es hilft ihnen auch dabei, die Farben zu lernen und zu benennen.

Täschchen aus Getränkeverpackungen

Kleingeld, Schlüssel, Taschentücher, Lippenbalsam ... Dieser Kram ist in der Handtasche mühsam zu finden. Deshalb organisiere ich es gern in einem Täschchen. Ein wirklich widerstandsfähiges und sehr vielseitiges Material kann man aus Milch- oder Saftpackungen gewinnen. Das beschichtete Papier lässt sich wunderbar nähen und kann auch noch individuell gestaltet werden.

Du brauchst

Für 1 Täschchen

- 1 Milch- oder Saftpackung (1 Liter)
- Reißverschluss, Länge je nach Taschengröße
- Stoffrest (wenige cm)
- Nähmaschine, Schere, Nähgarn

So geht's

Von der Getränkeverpackung den Teil mit der Ausguss-Öffnung abschneiden. Den Rest so zuschneiden, dass zwei gleich große Rechtecke entstehen. Die Längsseite des Rechteckes wird die Öffnung der Tasche, so lang muss also der Reißverschluss sein.

Nun die Schichten der Getränkeverpackung voneinander trennen, dazu die bedruckte Folie abziehen. Wir werden nur den innen beschichteten Karton weiterverwenden.

Die Nähmaschine vorbereiten und den Reißverschluss an den Karton nähen. Dazu mit der Kartonseite nach oben und der Beschichtung nach unten auf der Nähmaschine zurechtlegen und den Reißverschluss knappkantig absteppen. Bei der zweiten Hälfte ebenso vorgehen. Den Reißverschluss offenlassen und die restlichen drei Seiten des Täschchens zusammennähen. An den Ecken den Karton knapp zurückschneiden und vorsichtig wenden!

Holunderblüten-Tee

Seit unserer Kindheit kennen und lieben die meisten von uns Holunderblüten als Sirup! Auch in Eis am Stiel ist der Sirup erfrischend.

Die entzündungshemmende und fiebersenkende Wirkung der Holunderblüten ist vor allem bei den vielen Erkältungen in den Herbst- und Wintermonaten sehr wertvoll. Der Tee hilft außerdem beim Einschlafen und unterstützt die körpereigene Immunabwehr. So bieten die zarten weißen Blüten, die im Mai und Juni bei uns überall blühen, ein wunderbares, naturnahes und kostenloses Hausmittel.

Du brauchst

Für ca. 25 Tassen Tee

- 5 Holunderblüten-Dolden
- Baumwolltuch
- Weidenkorb
- Schraub- oder Einmachglas mit Gummi

So geht's

Die Blütendolden gut abschütteln und darauf achten, dass alle Insekten entfernt sind.

Lege einen Korb mit einem Baumwolltuch aus, lege die Blüten hinein und stelle den Korb in die Sonne. Nach einigen Tagen sind die Blüten dann drin fertig getrocknet.

Von den getrockneten Blüten die dickeren Verzweigungen abschneiden und die Blüten in ein luftdicht schließendes Glas abfüllen.

Für einen Tee die Blüten mit kochendem Wasser aufgießen und fünf Minuten lang ziehen lassen. Abseihen und etwas abkühlen lassen. Dann in kleinen Schlucken trinken.

Juli

Für die allermeisten Kinder beginnt jetzt die Ferienzeit. Nach einem langen und anstrengenden Schuljahr oder einem aufregenden ersten Lebensabschnitt im Kindergarten sind die großen Ferien eine wichtige Pause für die Kinder. In diesem Kapitel möchte ich dir einige Ideen vorstellen, wie du die schul- und kindergartenfreien Wochen nachhaltig und ressourcenschonend gestalten kannst, ohne dabei auf den echten Urlaubsspaß zu verzichten. Clevere Nachhaltigkeit beginnt wie so vieles im Kopf und bei der Planung. Wer dank Struktur und Ordnung alles Notwendige findet, vermeidet Doppelkäufe und ist obendrein noch viel schneller mit den Vorbereitungen für eine Reise fertig!

Urlaub umweltfreundlich

Nachhaltige Reiseplanung

Eine bewusst nachhaltige Ferienzeit beginnt mit der Planung. Schon bei der Wahl des Reiseziels kannst du darauf achten, dass es möglich ist, dort ein paar Tage oder Wochen umweltfreundlich zu verbringen. Nach Umwelt-Kriterien zu entscheiden, ist etwas aufwendiger als einen All-Inklusive-Pauschalaufenthalt zu buchen. Die Zeit im Jahr, die den unterschiedlichen Bedürfnissen der Familienmitglieder gerecht wird und echte Erholung bietet, will achtsam geplant werden.

Besonders empfehlenswert sind Bio-Hotels, die sich auf eine umweltfreundliche und nachhaltige Unterbringung spezialisiert haben. Das sind vielfach Bauernhöfe, und gerade dort fühlen sich die meisten Kinder besonders wohl. Sie lernen so die Natur ganz nebenbei kennen und üben den Umgang mit Tieren. Auf Bauernhöfen gibt es die Möglichkeit, im Garten, auf dem Feld oder im Stall mitzuhelfen. Bio-Hotels achten beispielsweise auf die Verwendung von erneuerbaren Energien oder auf die Verwendung von regionalen und saisonalen Produkten. Außerdem sind Chalets oder Apartments meist umweltfreundlicher als ein normales Hotelzimmer!

Einen großen Beitrag zum Schutz der Umwelt leistest du, wenn du mit deiner Familie auf das Fliegen verzichtest. Wähle stattdessen einen nachhaltigen und umweltfreundlichen Anreiseweg, z. B. mit dem Zug oder Fahrrad. Dies kann eine tolle Gelegenheit sein, um die Natur und die Landschaft zu erleben und gleichzeitig die CO_2-Emissionen gering zu halten.

Nachhaltiger Urlaub

Im Urlaub gibt es viele Möglichkeiten, umweltfreundlich und ressourcenschonend zu handeln. Häufig gibt es Fahrradverleihe, sodass man die Gegend auf umweltfreundliche Weise erkunden kann. Erkundige dich schon bei der Planung, wie man das mit Kindern umsetzen kann und welche Routen besonders für Familien infrage kommen.

Wenn du ein besonderes Abenteuer möchtest und du eine Feriendestination nahe einem Fluss ausgesucht hast, kannst du eine Kanufahrt buchen, um das Wasser und die Umgebung auf einzigartige Weise zu erleben.

Etwas einfacher mit Kindern, vor allem wenn sie noch klein sind, ist eine Wanderung auf einem Baumwipfel-Pfad. Das ist eine Art Naturweg, der hoch oben in den Bäumen angelegt ist, mit herrlichem Ausblick und jeder Menge Natur rundherum.

Bei der Verpflegung auf allen Unternehmungen und Ausflügen kannst du darauf achten, lokale und saisonale Lebensmittel zu kaufen und unnötige Verpackungen zu vermeiden. Du kannst einen Versuch starten und zumindest tageweise ganz bewusst auf vegetarische oder vegane Ernährung umsteigen, um den ökologischen Fußabdruck zu reduzieren. Kindern fällt der Umstieg viel leichter, als man glauben möchte! Und so bietet sich die Möglichkeit, ein echtes Vorbild zu sein. Vielleicht bleibt ihr dann sogar nach dem Urlaub dabei und haltet einen fixen Tag pro Woche für pflanzliche Rezepte frei. Viele Städte bieten schöne Bio- oder Wochenmärkte an, auf denen du schmackhafte, regionale Produkte kaufen kannst. Auf diese Art lernst du neue Lebensmittel kennen und nimmst Inspiration mit nach Hause. Wenn ihr zusammen unterwegs seid, achtet darauf, dass ihr wiederverwendbare Produkte wie Trinkflaschen, Einkaufstaschen und -beutel, Teller und Besteck verwendet, um Abfall zu reduzieren oder im besten Fall komplett zu vermeiden.

Eine weitere Möglichkeit, den Urlaub nachhaltig zu gestalten, ist die Unterstützung lokaler Unternehmen. Du kannst beispielsweise in einem Restaurant essen, das lokale und saisonale Lebensmittel verwendet. Oder ihr besucht ein lokales Handwerk – das ist nicht nur lehrreich und spannend, sondern unterstützt die kleinen und mittelständischen Betriebe. Manche Unternehmen bieten sogar Workshops und Tageskurse an, wo ihr das Handwerk selbst ausprobieren könnt. Dadurch kannst du dazu beitragen, dass das Geld in der Region bleibt und die lokale Wirtschaft unterstützt wird.

Urlaub zuhause

Eine andere – und vielfach unterschätzte – Möglichkeit ist es, den Urlaub zu Hause zu verbringen und die lokale Umgebung zu erkunden.
Es muss nicht jedes Jahr ein langer, teurer und aufwendiger Auslandsaufenthalt sein, auch wenn die Werbung uns das verkaufen will.
Quality Time kann man sehr gut in der Umgebung verbringen, und es gibt so viele schöne Orte, die man im Alltag komplett übersieht. Wir z. B. leben sehr nahe an der Metropole Wien und nehmen uns in den letzten Jahren regelmäßig Zeit, ganz bewusst die Stadt zu erkunden, die nur wenige Zugminuten entfernt ist. Und wir haben noch lange nicht alles gesehen, was uns interessiert! Besonders lustig ist es, eine:n Reiseführer:in in der eigenen Stadt zu buchen!

Slow Travel

Das Reisen etwas langsamer angehen zu lassen – Slow-Travel – ist eine Haltung, die sich nicht nur im Hinblick auf die Nachhaltigkeit lohnt. Gerade mit Kindern ist das Sight-Seeing und Place-Hopping ohnehin meist kein Vergnügen. Statt also möglichst viel zu sehen und den Urlaub zur Schnitzeljagd zu machen, ist es weitaus sinnvoller, langsam zu werden. Wer aus der getriebenen Hektik des Berufslebens kommt und in die Familienzeit einsteigt, wird ein wenig brauchen, um die Geschwindigkeit zu reduzieren, aber dann wird es wunderschön. Sich von den Kindern ein bisschen mit ihrer Neugier und Aufregung über jeden neuen Tag anstecken zu lassen, tut dann besonders gut. Und sobald man sich einlassen kann, entdeckt man gerade auf Reisen wundervolle Kleinigkeiten, lernt Menschen kennen und sieht alles mit anderen Augen. Mehr Tipps zum nachhaltigen Reisen gibt's im Buch »Mit Fairgnügen reisen« (@zweidiereisen)!

Respekt!

Erkunde die Umgebung auf respektvolle Weise. Achte darauf, die Natur und die Tiere nicht zu stören, und halte dich an die Regeln, die vor Ort gelten. Bleibe z. B. beim Wandern auf den Wegen, reiße keine Pflanzen ab und füttere keine Tiere. Ob in den Bergen oder am Strand – lasse keine Abfälle zurück!

Nachhaltig campen mit Familie

Campingurlaube sind aufregend und du kannst die Natur hautnah erleben.

Sieh den Campingurlaub als Chance, Zeit mit deiner Familie zu verbringen und gemeinsam unvergessliche Erinnerungen zu schaffen. Nutze die Zeit, um gemeinsam zu kochen, zu spielen oder einfach nur zu entspannen. Ein Aufenthalt auf dem Campingplatz braucht meist nicht viel »Entertainment« – die Kinder finden sich in der umgebenden Natur schnell zurecht und kommen mit erstaunlich wenig aus.

Nachhaltige Ferienzeit und bewusste Urlaube sind nicht nur gut für die Umwelt, sondern auch für die eigene Gesundheit und das Wohlbefinden. Weniger ist mehr – das wird recht schnell klar, wenn man barfuß aus dem Zelt oder dem Wohnmobil steigt und die Natur spürt.

Tipps für einen nachhaltigen Campingurlaub:

Verwende wiederverwendbare Produkte: Vermeide Einwegprodukte und verwende wiederverwendbare Produkte wie Trinkflaschen, Teller, Besteck und Becher. Nimm wiederverwendbare Einkaufstaschen und -beutel, wenn du vor Ort einkaufen gehst.

Achte auf den Stromverbrauch: Vermeide den Einsatz von Geräten wie Klimaanlagen oder Heizungen, die viel Strom verbrauchen. Verwende umweltfreundlichere Alternativen wie Solarenergie oder LED-Lampen. Tagsüber werden die Taschenlampen geladen!

Entsorge den Müll immer korrekt: Achte darauf, dass du den Müll richtig entsorgst und die Natur sauber hältst. Vermeide es, nach dem Picknick Müll im Wald oder auf der Wiese zurückzulassen. Am besten ist es, alles wieder mitzunehmen und auch nicht die am Weg aufgestellten Mülleimer zu benutzen, sondern alles richtig zu trennen.

Nutze umweltfreundliche Reinigungsmittel: Verwende umweltfreundliche Reinigungsmittel. Du kannst auch auf biologisch abbaubare Seifen und Shampoos ohne Mikroplastik zurückgreifen, um das Abwasser im Urlaubsort nicht zu belasten.

Koche mit Köpfchen: Verwende umweltfreundliche Methoden zum Kochen wie beispielsweise Lagerfeuer oder Gasgrills anstelle von Elektrogrills. Achte auch darauf, regionale und saisonale Lebensmittel zu verwenden und kaufe so viel wie möglich unverpackt.

Erkunde die Natur auf respektvolle Weise: Bleibe auf den Wegen und halte dich an die Regeln, die vor Ort gelten.

Reise umweltfreundlich: Vermeide unnötige Autofahrten und nutze stattdessen öffentliche Verkehrsmittel oder Fahrräder, um die Umgebung zu erkunden. Wenn du mit dem Auto oder mit dem Wohnmobil zum Campen fährst, kannst du deine Ausflüge schon vorher planen und auch Radrouten unternehmen.

Reduce – reuse – recycle

Außerdem ist es wichtig, den Müll zu reduzieren und zu recyceln, um die Umwelt zu schonen ... soweit so bekannt! Je intensiver du dich damit auseinandersetzt, desto normaler wird es, und wenn du es gern leicht hast, dann beginne damit im Urlaub. Ja, genau! Denn jetzt ist die Zeit, in der du wahrscheinlich wenige Termine hast und dich so auf neue Gewohnheiten fokussieren und einlassen kannst. Nimm dir Zeit für den Einkauf und lege damit den Grundstein für ein nachhaltiges Leben. Wenn dann wieder stressige Zeiten folgen, hast du schon viel verinnerlicht und weichst weniger leicht auf alte Gewohnheiten aus. Und auch im Urlaub kannst du darauf achten, dass du den Müll trennst und recycelst.

Aloe-Vera-Eiswürfel

Das Gel, das die Aloe Pflanze enthält, ist extrem feuchtigkeitsspendend und unterstützt die Haut optimal bei der Regenerierung, wenn sie einmal zu viel Sonne abbekommen hat. Auch generell bei Hitze ist es sehr angenehm.

Dafür bietet es sich an, eine Aloe-Pflanze daheim zu haben, denn so hat man immer frisches Gel griffbereit. Um auf Nummer sicher zu gehen, kann man Aloe-Gel auch einfrieren. Die Aloe-Eiswürfel sind super handlich und kühlen zusätzlich, wenn die Haut von der Sonne gestresst und gerötet ist. Irritationen und Sonnenbrand werden sofort gelindert.

Du brauchst

→ 1 Aloe-Vera-Pflanze
→ Eiswürfelform

So geht's

Ein Aloe-Blatt in 2 cm breite Stückchen schneiden und jeweils zwei bis drei Stückchen in ein Abteil der Eiswürfelform geben.

Die Form mit Wasser aufgießen und in das Tiefkühlfach stellen.

Bei Bedarf einzelne Eiswürfel aus dem Eisfach nehmen und vorsichtig über gereizte Hautbereiche streichen.

Anti-Mücken-Duftkerze

Mücken und Zecken kann man mit ätherischen Ölen ganz natürlich abwehren. Ganz besonders die Öle von Lavendel, Eukalyptus und Zitronella sind dazu bestens geeignet und duften dazu noch wunderbar.

Eine Duftkerze mit Zitronellaöl ist ganz einfach aus Kerzenresten herzustellen. Die sommerlichen Duftkerzen sind ein ideales Mitbringsel zur Sommerparty!

Du brauchst

Für 1 Kerze

- Kerzenreste
- Gefäß zum Einschmelzen, z. B. alte Konservendose
- 5–7 Tropfen ätherisches Zitronellaöl
- 1 TL getrocknete Lavendelblüten
- 1 Flachdocht aus Holz und Halter
- 1 Dose oder Glas mit Deckel

So geht's

Kerzenreste über dem Wasserbad schmelzen und die alten Dochtreste entfernen.

Das flüssige Wachs nun beiseitestellen und etwas abkühlen lassen. Solange das Wachs noch flüssig, aber nicht zu heiß ist, das Zitronellaöl dazugeben.

Den Flachdocht mittig mit dem Ständer im Gefäß platzieren. Dann vorsichtig das Wachs einfüllen.

Das Wachs etwas erkalten lassen, bis sich ein Film auf der Oberfläche gebildet hat. Zum Schluss zur Deko mit getrockneten Lavendelblüten bestreuen.

Tipp:

Probiere auch andere ätherische Öle aus oder kombiniere sie. Die Kerzen sehen besonders schön aus, wenn man sie mit getrockneten Blüten oder Orangenscheiben dekoriert.

Bei größeren, flachen Gefäßen kannst du auch mehrere Dochte einsetzen!

Makramee-Netz für Trinkflasche

Eine Trinkflasche, besonders aus Edelstahl, ist der ideale Begleiter durch die heiße Jahreszeit. Besonders praktisch sind kleinere Flaschen, die man überallhin mitnehmen kann. Damit du sie bequem transportieren und z. B. außen an deinen Rucksack hängen kannst, zeige ich dir hier, wie man mithilfe eines Holzrings (Gardinenring) und etwas Baumwollgarn schnell und einfach ein »Tragenetz« im Makramee-Stil knüpft.

Du brauchst

Für 1 Flasche, ca. 25 cm hoch

- 1 Spule Makramee-Garn, 3 mm stark
- 1 Gardinenring aus Holz
- 1 Edelstahl-Trinkflasche
- Schere

Ankerknoten:

Dieser Knoten fixiert das Garn. Lege den Garnstrang doppelt, sodass beide Hälften gleich lang sind. Lege die entstandene Schlaufe um den Ring und ziehe die beiden Enden des Garns durch die Schlaufe.

So geht's

Zunächst das Makramee-Garn zurechtschneiden: 8 Stücke mit jeweils 1 m Länge

Wenn du eine größere Flasche verwendest, sollten die Bänder entsprechend länger sein.

Die Garnstränge in der Hälfte falten und mit einem Ankerknoten am Gardinenring befestigen. Verteile die Knoten gleichmäßig auf dem Ring. Dann wird das Netz geknüpft.

Runde 1: Lasse etwa 4 cm Garn frei und knüpfe dann mit vier nebeneinanderliegenden Strängen einen Kreuzknoten, erst links- und dann rechtsgerichtet. Fahre so fort, bis die Runde fertig ist.

Runde 2: Lasse wieder etwa 4 cm Garn frei. Gehe dann so vor wie bei Runde 1, nur versetzt, d. h. nimm zwei Stränge von einem Knoten und zwei Stränge vom nächsten.

Weiter so viele Runden knüpfen, bis das Netz zum Flaschenhals reicht, dabei von Reihe zu Reihe versetzen

Zum Schluss die Enden von je vier Strängen zusammennehmen und für den Henkel wieder abwechselnd rechte und linke Kreuzknoten knüpfen. Fahre so fort, bis der Tragegriff lang genug ist. Dann verknote alles gut.

Kreuzknoten:

Dieser Knoten ist der Basisknoten für viele Makramee-Arbeiten wie Armbänder, Blumenampeln oder Wanddeko. Er wird aus vier Fäden entweder von links oder von rechts geknüpft, wobei die beiden mittleren Fäden nur als Trägerfäden dienen. Geknüpft wird nur mit den beiden äußeren.

1. Teil des Kreuzknotens

- → Lege die vier Fäden nebeneinander.
- → Lege den rechten äußeren Faden nach links über die beiden mittleren und unter den ganz linken.
- → Führe nun den linken Faden unter die beiden mittleren und durch die Schlaufe des rechten Fadens.
- → Ziehe die Fadenenden links und rechts auseinander, bis ein Knoten entsteht.

2. Teil des Kreuzknotens

- → Wechsle die Richtung und beginne mit dem linken Faden. Fahre fort wie beim ersten Teil: Den linken äußeren Faden nach rechts über die beiden mittleren legen und unter dem rechten hindurchführen. Dann den rechten Faden unter die beiden mittleren und durch die Schlaufe des linken Fadens führen. Festziehen.

August

Dies ist die perfekte Zeit, um Garten oder Balkon in vollen Zügen zu genießen und sich eine Auszeit vom Alltag zu gönnen. Der inzwischen lange Sommer und die trockenen und heißen Tage im August laden dazu ein, im Schatten zu liegen oder Leckeres aus dem Garten zu ernten. Dazu musst du keine Expertin sein oder gar über landwirtschaftliches Wissen verfügen – ein bisschen Liebe zur Natur und Freude am Gärtnern reichen, dann kannst du in den nächsten Wochen ernten, was du im Frühling gesät hast. Je nach Gemüse geht die Erntezeit bis weit in den Herbst hinein.

Nachhaltiger Sommergarten

Der »Sonntag des Sommers«

Der August ist der »Sonntag des Sommers«, eine Zeit, in der die Natur alles gibt und die Tage von einer warmen, goldenen Sonne förmlich geküsst werden. Die Luft ist erfüllt vom Duft blühender Blumen und frisch gemähtem Gras, und der sanfte, warme Wind riecht nach Heuernte. Der August ist eine Zeit des Überflusses und der Freude, eine Zeit, in der wir uns an der Schönheit der Natur erfreuen und die Ergebnisse unserer harten Arbeit genießen können. Es ist eine Zeit, die uns daran erinnert, im Hier und Jetzt zu leben und die kleinen Dinge zu schätzen, die das Leben so wunderbar machen.

Die Ernte steht an!

Doch im August geht es nicht nur um Entspannung. Diese Zeit des Jahres ist auch dazu da, die Früchte deiner Gartenarbeit zu ernten. Sogar wenn du nur ganz wenig Platz hast, ist der Anbau von eigenem Gemüse eine wunderbare Möglichkeit, sich die Natur in den Alltag zu holen und gleichzeitig fast das ganze Jahr über frisches Gemüse und Kräuter zu genießen. Auf dem kleinsten Balkon oder auf dem Fensterbrett kannst du Tomaten, Kräuter oder Salat anbauen: Vertikale oder stapelbare Tröge sind ideal, um auch auf kleiner Fläche guten Ertrag zu bekommen.

Auch jetzt im Sommer lohnt es sich noch, Pflanzen zu setzen. Pflücksalate, Spinat oder Frühlingszwiebeln kannst du bis weit in den Oktober hinein ernten, wenn sie zwischen Juli und September gepflanzt werden – das ist für viele Familien ideal nach dem Urlaub im Sommer. In ganz milden Wintern wachsen z. B. Radieschen sogar ganzjährig. Achte darauf, dass du regionale und saisonale Pflanzen verwendest oder sie aus Samen selbst ziehst. Wenn du Samen kaufst, achte auf samenfestes Saatgut.

Kleine Krabbler

Mit jeder blühenden Pflanze lockst du Insekten an, und die kleinen Krabbler sind wichtig für unser Ökosystem und benötigen dringend Lebensräume auch im Stadtgarten. Du kannst einen Teil deines Gartens oder Balkons als Insektenbeet gestalten und Pflanzen auswählen, die die kleinen Kriecher besonders gut nähren. Beispiele dafür sind Lavendel, Schmetterlingsflieder oder Sonnenblumen. Im Gegenzug dazu bekommst du dank fleißiger Insekten Hilfe bei der Abwehr von Blattläusen und anderen Schädlingen. Sobald sich die Läuse im Frühjahr zeigen, kannst du außerdem auf die Larven von Marienkäfern vertrauen, sie kommen sofort! Das hilft dir dabei, den Einsatz von chemischen Düngemitteln und Pestiziden weitestgehend zu vermeiden. Auch bei der Pflege des Gartens oder Balkons solltest du auf naturnahe Methoden zurückgreifen. Verzichte auf den Einsatz von Unkrautvernichtern aus dem Handel und greife stattdessen auf umweltfreundliche Methoden wie Handarbeit oder natürliche Unkrautvernichter zurück. Wenn du das Unkraut in Beet und Töpfen regelmäßig zupfst (das geht am besten direkt nach dem Regen oder nach dem Gießen), wird es nie so viel, dass es dich überfordert.

Wasser, Marsch!

Im Sommer benötigen Garten und Balkon viel Wasser. Du kannst wassersparende Maßnahmen ergreifen, wie beispielsweise das Sammeln von Regenwasser oder Küchenwasser in einer Tonne. Fange das Wasser, in dem du z. B. Gemüse putzt, in einer Schale in der Spüle auf und nutze es draußen zum Gießen. Auch das Verwenden von Mulch hilft, die Feuchtigkeit besser im Boden zu halten. Topfpflanzen können das Wasser besser speichern, wenn sie auf der Erde eine Schicht Tongranulat bekommen.

7 Tipps für nachhaltiges Gärtnern

- → Gemüse über Monate ernten, so wächst immer etwas
- → Insektenbeet anlegen, das unterstützt die Nützlinge
- → Wassersparen statt verschwenden
- → Upcycling: Es muss nicht alles neu sein!
- → Abfall vermeiden: Schon beim Einkauf von Pflanzen und Utensilien auf möglichst wenig Plastik achten
- → Die heimische Tierwelt unterstützen, z. B. durch Laubhaufen für Igel
- → Schädlinge natürlich bekämpfen

»Wenn an
vielen kleinen Orten
viele kleine Menschen
viele kleine Dinge tun,
wird sich das Angesicht
unserer Erde verändern.«

Afrikanisches Sprichwort

Tipp:

Bewässerung mit Wasserflaschen: Leere Wasserflaschen sind ideal dazu geeignet, kurze Abwesenheiten oder extreme Hitzeperioden für deine Pflanzen erträglicher zu machen. Gieße dafür die Pflanze, bis die Erde gut durchnässt ist. Dann fülle die Flasche bis zum Rand mit Wasser und stecke sie schnell kopfüber in die Erde. Die Pflanze bekommt nun Wasser, sobald die Erde getrocknet ist. Je nach Größe der Flasche und Temperatur können so ein paar Tage gut überbrückt werden.

Spare clever!

Beim Gestalten deines Gartens oder Balkons kannst du auf Upcycling setzen. Verwandle etwa alte Kisten, Paletten oder Fässer in Pflanzbehälter oder peppe alte Töpfe und Kübel mit Farbe auf. Auch im Garten oder auf dem Balkon solltest du Abfall wo immer möglich vermeiden. Verwende wiederverwendbare Pflanzbehälter für die Anzucht und kaufe keine unnötigen Plastiktüten oder -etiketten. Damit du weiß, was so wächst, kannst du dir einfache Holztäfelchen, Spatel oder Wäscheklammern zu Hilfe nehmen und sie Jahr für Jahr wiederverwenden.

Alles kriecht!

Im Garten oder auf dem Balkon gibt es viele Möglichkeiten, die heimische Tierwelt zu unterstützen. Du kannst unter anderem Nistkästen für Vögel oder Igelhäuser aufstellen, eine Ecke des Beets als Schmetterlings- oder Bienenweide gestalten oder sogar einen Teich für Frösche und Libellen anlegen. Auch ganz kleine Nützlinge wie die Ohrwürmer freuen sich über Unterschlupf.

City Garden

Auch mitten in der Stadt kannst du Raum für die Natur schaffen. Du kannst z. B. ein kleines Insektenbeet anlegen und damit einen Beitrag zum Bienenschutz leisten. Achte darauf, heimische Blumen zu pflanzen, die Hummeln, Bienen und anderen Insekten viel zu bieten haben.

Insekten-Pflanzen für Balkon und Terrasse

- → Lavendel
- → Glockenblume
- → Sonnenhut
- → Fette Henne
- → Studentenblume
- → Zinnie
- → Kapuzinerkresse
- → Verbene

Stay cool

Damit es in den heißen Perioden des Sommers in den Wohnräumen nicht ungemütlich wird, kannst du einiges tun. Das Kühlen der Räume braucht keine Klimaanlage, mit ein paar cleveren Tipps gelingt das auch nachhaltig.

5 Tipps, wie du die Wohnung natürlich kühl(er) hältst

- → Lüften – aber richtig
- → Verdunkeln und Sonnenschutz
- → Wärmequellen minimieren
- → Kühlen mit feuchten Tüchern
- → Wärmespeicher in den Keller

Während der heißen Tage ist es nicht sinnvoll, den ganzen Tag über die Fenster offenzulassen. Statt des kühlenden Luftzuges kommt eher warme Luft in das Zimmer und staut sich dann. Viel besser ist es, früh morgens oder in der Nacht zu lüften, am besten so, dass die Luft quer durch die Räume ziehen kann.

Damit es dann tagsüber nicht unerträglich warm wird, ist es notwendig, die beschienen Fensterflächen zu verdunkeln. Rollos, Raffstores oder reflektierende Fensterfolien halten die Sonnenstrahlen vom Glas ab und vermindern deutlich das Aufheizen der Räume.

Herd, Backofen und diverse elektrische Geräte sondern viel Wärme ab. Versuche, an heißen Tagen komplett aufs Kochen zu verzichten und lieber kalt zu essen. Auch Elektrogeräte, die oft unbemerkt im Stand-by-Modus sind, geben Wärme ab! Mache am besten einen Rundgang durch die Wohnung und schaue, was du komplett ausschalten kannst.

Feuchte Tücher wie Handtücher oder Bettlaken (oder die gewaschene Wäsche) bringen etwas mehr Frische ins Zimmer. Wenn den Kindern beim Schlafengehen zu heiß ist, hilft auch ein kleiner nasser Lappen, den sie sich auf die Stirn oder auf das Handgelenk legen können.

Die großen gemütlichen Teppiche haben in den Hitzemonaten Urlaub: ab in den Keller oder auf den Dachboden. Wenn es heiß ist, empfinden wir es angenehm kühlend, direkt auf dem Boden zu laufen statt auf dem weichen Teppich, und so wird die Wärme der Luft bedeutend weniger gespeichert.

Homemade Tomaten-Ketchup

Die herrlichsten Tomaten wachsen an den eigenen Pflanzen! Wenn du dich gut gekümmert hast und die Tomatenpflanzen einen passenden Ort und gute Witterung hatten, kannst du oft lange bis in den September hinein ernten. Besonders gut sind die sonnengereiften Tomaten, wenn du sie reif pflückst.

Zutaten

Für 400 ml Tomaten-Ketchup

- → 500 g Tomaten
- → 1 Zwiebel
- → 1 Prise Salz
- → 1 EL Zucker
- → 20–30ml Apfelessig
- → Pfeffer nach Geschmack

Zubereitung

Die Tomaten je nach Größe vierteln oder halbieren und für rund zehn Minuten bei 180 °C im Backofen leicht angaren.

Dann mit allen anderen Zutaten in einen Topf geben und aufkochen lassen. Etwa 15 Minuten lang bei mittlerer Hitze unter häufigem Rühren weich dünsten.

Mit dem Stabmixer oder im Smoothie-Maker fein pürieren. Dann noch einmal etwa 20 Minuten lang leicht köcheln lassen, bis die gewünschte Konsistenz erreicht ist. Das Ketchup in saubere Gläser oder Flaschen abfüllen.

Wassermelonen-Druck

Die roten Melonen sind nicht nur mega lecker als Dessert oder Snack, sondern auch ein wundervolles Motiv für alle möglichen sommerlichen DIY-Ideen. Wir nutzen z. B. sehr gern die Kartoffeldruck-Technik, um Baumwollbeutel oder kleine Täschchen damit zu bestempeln!

Du brauchst

Für 1 Stoffbeutel

- 1 Kartoffel
- 1 Stück Pappe
- 1 Baumwollbeutel
- Stoffmalfarbe in Rot
- 1 Pinsel
- Stoffmalstifte in Grün und Schwarz
- Bügeleisen

So geht's

Zunächst die Kartoffel vierteln, sodass die Schnittstellen eine halbrunde Form haben. Die Schnittstellen trocken tupfen.

Ein Stück Pappe in den Beutel schieben, damit die Farbe nicht auf die Rückseite durchweicht.

Mit dem Pinsel rote Stoffmalfarbe auf eine Schnittstelle geben und die Kartoffel mit der Farbseite auf den Stoff drücken.

So noch einige weitere rote Formen auf den Stoffbeutel drucken. Die Farbe trocknen lassen.

Nun mit dem grünen Stoffmalstift die Melonenschale andeuten und mit dem schwarzen Stift die Kerne auftupfen.

Zum Schluss die Farbe fixieren, damit das schöne Motiv auch das Waschen überlebt. Hierzu die Gebrauchsanweisung der Farben beachten. Bei unseren Farben wird der Stoff von links heiß gebügelt.

Tipp:

Nicht nur Stoffbeutel lassen sich auf diese Weise verzieren. Auch z. B. Täschchen aus Getränkeverpackungen (siehe S. 75) sehen damit toll aus!

Septembe

Der nahende Herbst ist die Zeit des Erntedankfestes, der Genüsse von den Feldern und der Dankbarkeit für unser echt gutes Leben. Eine schöne Gelegenheit, um bewusst auf regionale und saisonale Produkte zu achten und diese in den Mittelpunkt des Festes zu stellen. Jetzt wird auch auf dem Balkon und im Beet noch viel reif. Täglich ernten wir ein paar Köstlichkeiten und kochen und essen sie zusammen. In diesem Monat geht es auch wieder in die Schule – das ist aufregend und spannend!

Erntedank

Regional genießen

Ein Besuch auf einem Bauernhof oder einem Wochenmarkt ist jetzt genau richtig, um die Vielfalt der heimischen und regionalen Produkte zu bestaunen und direkt von den Produzenten zu kaufen. Die Kinder sehen so die Felder, wo das Gemüse wächst, und vielleicht können sie sogar die Tiere beobachten. Vor allem, wenn Fleisch oder tierische Produkte gekauft und gegessen werden, ist die Nähe zur Natur und der Respekt vor ihr sehr wichtig, um ein Gefühl dafür zu entwickeln, wie viel genug ist. Lebensmittel tierischen Ursprungs werden leider immer noch viel zu wenig achtsam und oft im Überschwang gekauft und dann nicht verbraucht. Wer seinen Lebensstil nachhaltiger gestalten möchte, beginnt am besten beim Lebensmittel-Verbrauch und den eigenen Koch- und Essgewohnheiten (Tipps gegen Lebensmittelverschwendung im Alltag siehe S. 17).

Naturspaß mit Kindern

Der Herbst bietet sehr viele Möglichkeiten, die Natur in der Umgebung zu erleben und zu erkunden – jetzt ändert fast alles in der Natur seine Farbe und die Pflanzen machen sich bereit für den Winter. Herbstwanderungen, Waldspaziergänge oder Pilze sammeln sind nicht nur schöne Freizeitbeschäftigungen, sondern schärfen auch das Bewusstsein für die Artenvielfalt und die regionale Natur. Dabei kann man nicht nur die Schönheit der Felder und Wälder genießen, sondern auch lernen, wie wichtig es ist, diese zu schützen. Man kann den Kindern auch ganz nebenbei mitgeben, wie man achtsam mit der Natur umgeht, Müll in der Natur vermeidet und liegengebliebene Sachen einsammelt und sie zum nächsten Mülleimer mitnimmt.

Wald-Schatz-Rallye

Wer kreativ denkt, ist im Vorteil: Kinder finden Wandern fad, also nennen wir es anders und veranstalten kurzerhand eine Wald-Schatz-Rallye!

Dazu braucht man nur eine einfache Schatzkarte, mit der sie losziehen können, und einen Beutel, in den die Schätze hineinkommen.

Alles, was auf der Karte ist, muss eingesammelt werden, z. B.

- → Ästchen (kurz, dünn, lang, grün)
- → Federn
- → Schneckenhäuser
- → Hagebutten
- → Pusteblumen (oder trockene Gräser)
- → Eichelhütchen
- → Steine (rund, klein, bunt, länglich)

Wenn die Kinder schön größer sind, kann man auch Punkte verteilen und am Ende zusammenzählen. Richtig lustig ist, es, wenn sich auch die Erwachsenen daran beteiligen!

Digi for Cool Kids:

Wer schon größere Kids hat, kann die Rallye auch digital machen und mit dem Smartphone losgehen. Die Schätze müssen dann fotografiert werden (aus je drei unterschiedlichen Perspektiven) und die Bilder dienen dann der Punktevergabe.

»Wir können den Wind nicht ändern, aber die Segel anderssetzen.«

Aristoteles

Zurück in die Schule – mit Freude

Die Sommerferien sind so gut wie vorbei, die Schule beginnt bald wieder und der Herbst klopft zumindest morgens schon an die Tür. Eine schöne Möglichkeit, um bewusst in die Herbstzeit zu starten, ist es, den Schulstart vorzubereiten.

Wenn du gerade das erste Kind für die Schule ausstattest, achte besonders auf haltbare, wiederverwend- und nachfüllbare Schulartikel. Beim Übertritt in die nächste Schulstufe geht es beim Kaufen der Schulsachen in erster Linie darum, nicht jedes Jahr alles neu zu erwerben (und so ganz nebenbei richtig viel Geld zu sparen). Die Kinder lernen so die eigenen Sachen wertzuschätzen und bekommen jede Menge Eigenverantwortung mit auf ihren Weg.

Schulsachen nachhaltig kaufen

Bei der Anschaffung von notwendigen Schulmaterialien kann man ganz bewusst auf Nachhaltigkeit setzen. Es gibt mittlerweile viele umweltfreundliche Alternativen, wie z. B. Stifte aus recyceltem Holz, Schreibstifte mit Minen zum Nachfüllen oder Schulhefte aus ökologisch zertifiziertem Papier. »Der blaue Engel« ist das bekannteste Umweltsiegel für Papier, an das man sich halten kann (außerdem: https://www.greenpeace.de/biodiversitaet/waelder/waelder-erde/woran-erkennt-umweltfreundliches-papier). Oft sind auch noch Hefte und Blöcke aus dem letzten Jahr übrig. Die leeren Seiten können zum Üben oder Malen verwendet werden.

Bei Schultaschen und Rucksäcken gibt es mittlerweile wirklich gute nachhaltige Alternativen, die langlebig und umweltfreundlich sind, weil das Gewebe aus recycelten PET-Flaschen oder anderen stabilen Garnen besteht.

Um ein Bewusstsein für den Ressourcenverbrauch zu schaffen, geht gemeinsam einkaufen – aber erst, nachdem ihr die Bedarfsliste der Schule mit dem abgeglichen haben, was noch da ist.

Vorbild sein

Bereits vor dem Schulstart kann man Kindern umweltbewusstes Verhalten einfach im Tun vorleben. Wichtig ist, in der Kommunikation kindgerecht und achtsam zu bleiben. Wir waschen und putzen etwa die Schultaschen in den Ferien zusammen und jedes Kind ist dabei für seine Tasche verantwortlich. Dazu gehört dann auch das richtige Mülltrennen, für alles was sich in der Schultasche angesammelt hat. Zum Waschen verwenden wir weiche Schwämme und sanfte Reinigungsmittel ohne Mikroplastik.

Nachhaltige Pausensnacks

Auch bei der täglichen Schuljause kann man ganz einfach auf Nachhaltigkeit achten. Statt ungesunder und in Plastik abgepackter Snacks kann man auf »Homemade«-Leckereien zurückgreifen. Energy Balls, Vollkorn-Cookies ohne Zucker und Flapjacks sind eine gute Abwechslung! Mir ist wichtig, beim Backen der Snacks auf Produkte aus der Region und aus nachhaltiger Produktion achten. Wir legen uns vor allem für die ersten, oft sehr stressigen Wochen nach dem Schulbeginn einen Haushaltsplan an und bereiten viele Snacks vor.

Lesezirkel

Wenn deine Kids gern und viel lesen, dann bieten sich Lesezirkel an. Hier können Bücher, die man schon kennt, weitergegeben und auch anderen Kindern zur Verfügung gestellt werden. Vielleicht hast du Lust, so etwas zu organisieren? Oder gibt es sogar schon einen Zirkel bei euch? Gerade im Herbst ist es sehr gemütlich, sich daheim eine Leseecke mit Kuscheldecke einzurichten und dann, wenn's draußen nass wird, mit Buch und Kakao schöne Nachmittage zu verbringen.

Back-to-School-Party

Wenn die Kinder im September mit der Schule beginnen oder in die nächste Klasse aufsteigen, überwiegt meist die Freude: die Vorfreude auf das, was da Spannendes kommt, und die Freude, die Freund*innen wiederzusehen.

Wir feiern das gern mit einer kleinen Back-to-School-Party im kleinen Rahmen und bereiten dafür einfache und schöne Sachen zusammen vor. Wir backen Muffins, dekorieren den Tisch und hängen eine Girlande quer durchs Zimmer. Manchmal sind auch Freunde der Kinder zu Gast, und alle spielen im Garten.

So haben wir Zeit, die wir miteinander verbringen – ohne dass wir dafür viel Geld ausgeben oder viele Einweg-Accessoires benötigen.

Party-Deko gelingt auch mit nachhaltigen Materialien: Alte Buchseiten, etwas Papier, trockene Blätter für »Konfetti«, Woll-Pompons, Garn und Holzperlen – aus diesen Dingen entsteht kreative Dekor für schöne kleine Feste.

Für die Back-to-School-Girlande haben wir die Seiten eines alten Taschenbuchs verwendet, sie in die Hälfte gefaltet und jeweils einen großen Buchstaben darauf gemalt. Seither schmückt sie immer im September unser Wohnzimmer, und wir feiern sozusagen in einen guten Schulstart hinein.

Wenn dazu ein paar schöne Wiesenblüten auf dem Tisch stehen, ist auch der Spätsommer noch einmal unser Gast. Die Natur bietet jetzt besonders viele farbige und zarte Blüten, die wunderbar in eine Vase passen.

Eichelhütchen-Memory

Mit dieser herbstlichen Bastel-Idee entsteht ein Spiel, bei dem schon Kinder ab zwei Jahren mitspielen können. Alles, was man dafür braucht, liegt jetzt oft am Wegesrand: Eichelhütchen. Man findet sie sowohl in der Stadt, im Park, als auch im Wald und man kann sie super sammeln. Sobald du etwa 20 Stück davon hast, kann es losgehen mit dem Memory.

Du brauchst

Für 1 Memory-Spiel

- → 20 Eichelhütchen
- → 10 bunte Nagellacke (oder Lackstifte)

So geht's

Die Eichelhütchen sortieren, dabei auf ungefähr gleiche Größe und Form achten, damit das Memory später gelingen kann. Die Hütchen säubern und vom Stängel befreien. Die Innenseiten der Eichelhütchen farbig anmalen. Immer zwei Hütchen werden in derselben Farbe bemalt.

Darauf achten, dass auf der Außenseite keine Farbe sichtbar ist.

Die Farbe in den Hütchen gut trocknen lassen, und dann geht's los:

Legt die Eichelhütchen verkehrt herum auf ein Tablett oder einen Tisch. Dann dürft ihr reihum jeweils zwei Hütchen aufdecken. Wenn sie nicht dieselbe Farbe haben, werden sie wieder verdeckt. Aber aufgepasst: Merkt euch gut, wo welche Farbe ist! Wer die meisten passenden Eichelhütchen-Paare findet, hat gewonnen!

Zapfenfackel

Wenn deine Kinder auch so gern Zapfen sammeln und immer wieder welche in ihren Rucksäcken landen, hebt sie auf und lasst sie gut trocknen. Zapfen sind perfekt für viele Bastelideen geeignet, z. B. um diese kleinen Gartenfackeln daraus zu machen.

Du brauchst

Für 1 Zapfenfackel

- Wachsreste
- 1 Zapfen
- ca. 50 cm Baumwollschnur
- 1 altes Marmeladen-Glas zum Schmelzen
- evtl. leere Dosen (oder halbe Toilettenpapierrollen) zum Abtropfen

So geht's

Die Kerzenreste in ein Gefäß, z. B. ein altes Marmeladenglas, geben und im Wasserbad schmelzen. Wenn das Wachs flüssig ist, Reste von alten Dochten herausfischen.

Die Baumwollschnur ein paar Mal um den Zapfen wickeln und ein paar Zentimeter oben überstehen lassen.

Den Zapfen an der Schnur fassen und in das flüssige Wachs tauchen. Auf einer Unterlage erkalten lassen.

Tipp:

Die Fackeln sehen toll aus, wenn es draußen dunkel wird. Sie knistern so schön. Lege dazu die Zapfen auf eine feuerfeste Unterlage!

Man kann sie auch super als umweltfreundliche Kaminanzünder verwenden!

Oktober

Jetzt beginnt der goldene Herbst so richtig, und mit ihm reifen viele Schätze der Natur. Der Herbst bringt unter anderem die Kürbiszeit. Kürbisse sind nicht nur gesund, sondern auch vielseitig einsetzbar und eignen sich perfekt für die Dekoration und das Essen im Herbst.

Bunter Herbst

Kürbisse – viele Möglichkeiten!

Im Herbst begegnen uns Kürbisse überall, meist in leuchtendem Orange, manchmal aber auch in interessanten Formen in Grün oder Weiß. Ohne Kürbisse kann man sich Halloween gar nicht vorstellen! Und den ganzen Herbst über machen sie als Deko eine super Figur, aber auch im Kochtopf oder Backofen. Kürbis-Cookies oder Kürbisbrötchen sind nur zwei Beispiele für nachhaltige und gesunde Kürbisrezepte.

Eine schöne Idee, die Natur und Familienzeit verbindet, sind Kürbisfeste oder -ausstellungen. Dort kann man nicht nur die tollsten Kürbisse der Saison und beeindruckende Kunstwerke aus Kürbissen bewundern, sondern auch regionale Schätze kaufen und so die lokale Wirtschaft und Landwirte unterstützen. Man kann den Kindern ganz nebenbei und ohne viel Erklärungen zeigen, wie wichtig es ist, lokale Produkte zu kaufen und damit den Transportaufwand zu reduzieren.

Tipp:

Kürbiskerne sind super gesund und ideal zum Knabbern. Dazu die Kerne samt den Fasern aus dem Kürbis holen und so lange abwaschen, bis die meisten Fasern weg sind. Dann mit einem Küchentuch trocken rubbeln.

Jetzt kannst du sie im Backofen 20–25 Minuten lang rösten, dabei öfter wenden. Alternativ gelingen sie auch toll in der Heißluft-Fritteuse! Sie schmecken ähnlich wie Popcorn zum Beispiel mit Salz sehr gut!

Nachhaltiges Halloween

Halloween nachhaltiger gestalten? Oh ja, das geht und ist überhaupt nicht aufwendig. Ganz im Gegenteil, wenn man das Fest am 31. Oktober gut plant, ist das auch sehr preisgünstig! Denn überall gibt es jetzt reife Kürbisse, entweder für ganz wenig Geld beim Bauern zu kaufen oder aus dem eigenen Garten. Geniale Deko-Möglichkeiten! Die Kinder können super dabei mithelfen, den Kürbis auszuhöhlen und die typischen Gruselgesichter zu schnitzen.

Wenn deine Kinder sich zu Halloween verkleiden möchten, kannst du mit etwas Kreativität aus alter Kleidung oder aus Accessoires einzigartige Upcycling-Kostüme machen. Oder man organisiert eine Kostüm-Swapping-Party, bei der alle Gäste ihre Kostüme tauschen können.

Mit natürlichen Materialien wie Kürbissen, Blättern oder Zweigen gelingen tolle herbstliche Dekorationen. Wir lieben z. B. kleine »Hexenbesen« aus Ästen! Nach Gebrauch können die Dekos für das nächste Jahr aufbewahrt oder einfach auf dem Kompost entsorgt werden.

Auch Halloween-Süßigkeiten gehen nachhaltig: Achte beim Kauf von Süßigkeiten darauf, dass diese fair gehandelt und möglichst in Papier oder Karton verpackt sind. Auch selbst gemachte Leckereien oder Obst und Nüsse können als Alternative zu den bunten verpackten Bonbons angeboten werden. Außerdem kannst du, anstatt große Mengen an Süßigkeiten zu kaufen, auch kleine Portionen anbieten und den Kindern erklären, warum ein sparsamer Umgang mit Süßigkeiten wichtig ist.

Halloween-Partys lassen sich super nachhaltig organisieren, denn ein achtsamer Umgang mit Essen und die Vermeidung von Müll sind ja eigentlich selbstverständlich. Auch eine vegetarische oder vegane Party kann eine spannende Alternative sein – dazu könnt ihr schon im Vorfeld zusammen Rezepte und Snacks mit viel Gemüse und Fleischalternativen recherchieren und ein buntes »Grusel Buffet« zusammenstellen.

Fully-Loaded-Kürbis-Cookies

Diese Kekse sind mit ihrer Zutat Kürbis ein bisschen ungewöhnlich. Sie werden weich und flaumig! Sie schmecken wahnsinnig lecker zu etwas Joghurt oder Milchkaffee oder zur herbstlichen Chai-Latte. Auch hübsch verpackt als Mitbringsel machen Sie eine gute Figur!

Zutaten

Für 15 Kekse

- 10 g Amaranth gepoppt
- 40 g geriebene Mandeln
- 20 g Leinsamen geschrotet
- 4 EL Kakao
- 6 EL feinblättrige Haferflocken
- 3 EL Quinoa gepoppt
- 90 g Vollkorn-Mehl
- 80 g brauner Zucker (alternativ Kokosblütenzucker oder 8 Datteln)
- 100 g sehr weiche Butter
- 100 g Kürbis (z. B. Hokkaido), geraspelt
- 1 Ei
- ½ TL Natron

Zubereitung

Alle Zutaten in eine Rührschüssel geben und mit dem Mixer oder mit dem Kochlöffel zu einer gleichmäßigen, leicht klebrigen Masse rühren.

Aus dem Teig mithilfe von zwei Teelöffeln oder mit den Händen Kugeln formen und auf einem mit Backpapier aufgelegten Blech regelmäßig verteilen. Zwischen den Teigkugeln ausreichend Abstand lassen, denn die Kugeln »zerrinnen« ganz leicht.

Die Kürbis-Cookies rund 17–20 Minuten bei 200 °C backen. Die Zeit kann je nach Größe der Cookies leicht variieren. Wenn sie sich leicht vom Backpapier lösen, sind sie fertig.

Kürbisbrötchen (vegan)

Kürbis ist extrem vielseitig in der Verwendung in der Küche. Ich verarbeite am liebsten Hokkaido, weil er gut in Bio-Qualität verfügbar ist, regional geerntet wird und mit der Schale verarbeitet werden kann. Durch die kräftige Farbe verleiht er den Speisen auch das typische Orange.

Zutaten

Für 10 Brötchen

- 200 g Kürbis, z. B. Hokkaido
- 1 Würfel Frischhefe oder 1 Packung Trockenhefe
- 150 ml Hafermilch
- 1 EL Zucker
- 1 Prise Salz
- 350 g Mehl
- 150 g Maismehl
- 2 TL Kurkuma-Pulver
- Bindfaden

Zubereitung

Den Kürbis waschen und klein schneiden. Die Stücke mit ausreichend Wasser in einen großen Topf geben und dünsten, bis sie weich sind. Auskühlen lassen und anschließend fein pürieren.

Die Hefe zusammen mit dem Zucker in warmer Milch auflösen. Die Mehle, das Kurkuma-Pulver und eine Prise Salz vermischen. Die Hefe-Milch-Mischung und den pürierten Kürbis dazugeben. Mit dem Handmixer zu einem Teig verrühren, bis sich der Teig vom Rand der Rührschüssel löst.

Den Teig zugedeckt an einem warmen Ort etwa 30 Minuten lang ruhen und gehen lassen. Inzwischen den Backofen auf 180 °C vorheizen.

Mit einem Esslöffel je eine Brötchen-Portion vom Teig abstechen und mit der Hand zu einer kleinen Kugel formen. Ein Stück Bindfaden mehrmals um das Brötchen wickeln, sodass sich der Faden in der Mitte immer wieder überkreuzt. Auf ein mit Backpapier ausgelegtes Blech setzen.

Die Kürbis-Brötchen für etwa 20–25 Minuten backen, dabei am besten auf die Farbe auf der Unterseite achten. Nach dem Backen auskühlen lassen.

Zero-Waste-Früchtetee

Das kennen wahrscheinlich alle Eltern. Die Schule ist aus, und den Snack- und Jausenboxen der Kinder sind noch ein paar Apfelstücke übrig. Von manchem Obst kann man die Schale auch nicht essen, auch sie bleibt übrig. Ich habe mir angewöhnt, diese Obstreste nicht mehr wegzuwerfen, sondern ganz einfach Früchtetee daraus zu machen.

Zutaten

- → Obstreste, z. B. von Äpfeln, Kiwi, Orangen, Zitronen, Granatapfel, Mango
- → Obstschalen, z. B. von Äpfeln, Birnen, Orangen, Zitronen
- → luftdicht schließendes Schraubglas

Zubereitung

Immer, wenn Obst übrig bleibt, in ganz kleine Stückchen schneiden. Auch bei Obstschalen so vorgehen. Dann in einen Behälter geben und einfrieren.

Sobald einige Handvoll Obst- und Schalenstückchen in der Tiefkühltruhe zusammengekommen sind, ein Backblech mit Backpapier oder einer Backmatte auslegen und die Stückchen locker darauf verteilen.

Bei 40 °C langsam im Backofen trocknen, dabei einen Holzlöffel in die Tür klemmen, damit die Feuchtigkeit entweichen kann. Das Trocknen dauert etwa einen Tag und hängt von der Größe der Obststückchen ab. Noch besser klappt das Trocknen mit einem Dörrgerät.

Danach die Obststückchen abkühlen lassen und in ein luftdicht schließendes Gefäß füllen. Zum Genießen einen Löffel davon in einen Becher geben und mit kochendem Wasser übergießen. Fünf bis zehn Minuten lang ziehen lassen, abseihen und genießen!

Tipp:

Wenn du den Tee gern noch intensivieren möchtest, sind Hagebutten ideal! Sie machen den Tee noch fruchtiger und verleihen ihm das intensive, satte Rot, das wir im Fürchtetee besonders lieben. Die schönen roten Früchte der Wildrosen sind zwischen September und November reif.

Wasche die Früchte gut und entferne die Stiele. Dann lasse die Hagebutten mindestens fünf Tage lang bei Raumtemperatur trocknen. Danach kommen sie zusammen mit den anderen Fruchtresten und -schalen in den Backofen zum Fertigtrocknen.

Pampasgras mit Garn

Am Wegrand wachsen jetzt oft Pampasgras oder andere bereits trockene Gräser. Vielleicht hast du sogar dekoratives Gras im Garten. Mit ein bisschen buntem Garn entsteht damit eine zauberhafte Herbst-Deko für Vasen.

Du brauchst

- Pampasgras oder anderes langstieliges Gras vom Feld
- Bunte Baumwollgarne oder Stickgarne
- spitze Schere

So geht's

Schneide vom Garn in der gewünschten Farbe einen Strang von etwa 1,5 Meter ab und verknote es einmal fest direkt unter dem Blütenbüschel des Grases.

Ab jetzt wird gewickelt: Wickle das Garn gleichmäßig und fest rund um den Grashalm und verknote es am Ende wieder gut.

Besonders schön wirken die umwickelten Halme, wenn sie bunt in verschiedenen Farben in einer Vase stehen, wo das herbstliche Sonnenlicht durchs Fenster kommt!

November

Wenn es im November kalt und dunkel wird, beginnt die besinnliche Zeit. Wir bereiten uns allmählich auf das bevorstehende Weihnachtsfest vor und stimmen uns darauf ein, uns wieder zu Hause einzukuscheln. Die Zeit des Rückzugs wird von der Natur vorgegeben, und wenn man sich ein bisschen darauf einlässt, ist es jetzt herrlich, sich auch daheim besonders gemütlich einzurichten. Die Teppiche und Decken werden wieder aus dem Keller und den Schränken geholt, und Kerzen verbreiten schon am Nachmittag ein stimmungsvolles Licht.

Besinnliche Zeit

Dankbar sein!

Der November ist eine gute Zeit, sich auf das zu besinnen, was wir im Leben haben, und dankbar dafür zu sein. Thanksgiving ist ein wichtiger internationaler Feiertag, der uns daran erinnert, wie wichtig es ist, gemeinsam zu feiern und unsere Dankbarkeit zum Ausdruck zu bringen. In diesem Kapitel geht es darum, wie man diese Zeit nachhaltig und umweltfreundlich gestalten kann.

Wunderschön und traditionell an Thanksgiving ist das gemeinsame Essen mit Freunden und Familie. Dabei kann man auf lokale und saisonale Zutaten achten und so die Umwelt schonen. Auch vegetarische oder vegane Gerichte können eine nachhaltige Alternative sein, da sie oft weniger Ressourcen verbrauchen. Man braucht nicht unbedingt einen Truthahn aus dem Ofen, um die gemeinsame, gute Zeit mit lieben Menschen zu genießen.

Adventskalender vorbereiten

Spätestens jetzt geht es an das Vorbereiten des Adventskalenders. Ich liebe nachhaltige, immer wieder befüllbare Kalender, und dafür lohnt es sich auch, ein bisschen Zeit und Geduld einzusetzen. Seit vielen Jahren sehr beliebt sind unsere Adventskalender aus 24 kleinen Stoff- oder Papier-Säckchen, die an dünnen Kordeln rund um die Tür, um den Kamin oder einfach entlang der Treppe aufgehängt werden. Wer es gern ein bisschen ausgefallener mag, kann wie ich 24 Dosen mit Drehverschluss verwenden und diese mit schönen Zahlen bekleben (siehe S. 127).

Was dann rein soll in die 24 Päckchen, ist noch einmal eine andere Geschichte: Der Inhalt wächst mit den Kindern mit. Für kleine Kinder sind Mini-Spielfiguren, Haarspangen, Flummis oder auch kleine Süßigkeiten toll. Wir haben auch immer wieder zu kompletten Spielsets gegriffen und sie auf 24 Einheiten aufgeteilt, dann wächst die Vorfreude laufend und am Ende wird erst so richtig damit gespielt. Die Kinder lernen so auch nebenbei, die einzelnen Komponenten zu sammeln.

Jetzt schon Weihnachtsgeschenke

Sobald der November im Kalender auftaucht, ist auch Hochsaison für Geschenke! Wer jetzt noch nicht alles beisammen hat, was am 24. unterm Baum liegen soll, ist bestimmt schon intensiv (und womöglich leicht gestresst) auf der Suche nach den besten Goodies.

Und ja! - Auch der Geschenkekauf kann ganz einfach nachhaltig sein. Statt mitunter teure Sachen zu kaufen, stehen selbst gemachte Geschenke oder Zeit-Gutscheine für gemeinsame Aktivitäten hoch im Kurs. Auch Second-Hand-Fundstücke sind eine nachhaltige Alternative, denn da sind immer wieder echt feine »thrifted goodies« dabei, die der oder dem Beschenkten richtig Freude bereiten.

Wichtig ist, dass man sich Gedanken darüber macht, was der Beschenkte wirklich braucht oder sich wünscht und nicht einfach aus Konsumzwang Geschenke besorgt. Das bringt Erleichterung in jeder Hinsicht, denn der materielle Wert ist in Wahrheit nebensächlich.

Wichtig ist, dass man sich Gedanken darüber macht, was der Beschenkte wirklich braucht oder sich wünscht.

Nicht alles neu!
Second-Hand-Guide für Familien

Es muss definitiv nicht alles neu angeschafft werden, was wir als Familien im Alltag brauchen – im Gegenteil: Ich behaupte, dass bis auf Schuhe und Unterwäsche alles »vorgeliebt« besorgt werden kann, weil es den Sachen nicht schadet, wenn sie mehrfach genutzt werden.

Ich schaue regelmäßig auf Online-Second-Hand-Plattformen und habe schon sehr viele wirklich schöne Dinge wie Spiele, Fahrzeuge, Sportausrüstung, Möbel und Deko, Bücher und Kinderwagen gefunden. Das schont nicht nur die Umwelt, man bekommt die Dinge meist auch für einen Bruchteil des Neupreises. Viele unserer Gebrauchsgegenstände geben wir auf diesem Weg auch weiter.

1. Regionale WhatsApp-Gruppe organisieren: Hier kann man gebrauchte Sachen einstellen und so einfach und ohne großen Aufwand weitergeben. Vor Ort kann man die Spielsachen, Kleidung etc. auch ansehen, bevor man sie kauft.

2. In der Nähe kaufen: Wenn die Wege nicht lang sind, fallen keine aufwendigen Versand- und Verpackungskosten an.

3. Auf den Flohmarkt gehen: Wenn ein Flohmarkt in deiner Nähe stattfindet, gehe ohne konkrete Erwartung hin. Das ist anders als die gezielte Suche auf Online-Plattformen. Auf dem Flohmarkt fällt es manchmal etwas schwerer, sich nicht zu Impulskäufen hinreißen zu lassen, aber hier findet man auch viele unerwartete Schätze.

4. Hochwertig kaufen statt Ramsch: Auch bei gebraucht gekauften Dingen ist der Zustand wichtig, denn du möchtest ja möglichst lange Freude daran habe. Statt ein paar Euro extra zu sparen, greife im Zweifel zu einem Produkt in besserem Zustand. Achte auf hochwertige Materialien. Leder z. B. ist gebraucht oft viel günstiger als neu, noch lange schön, und durch seine Haltbarkeit auch durchaus nachhaltig.

Nachhaltig mit Energie umgehen

Meist ist der neblige, windige und feuchte November der erste Monat, wo wir wieder heizen müssen. Wenn es draußen kalt wird, steigt somit automatisch der Energieverbrauch. Durch einfache Maßnahmen, wie das Dämmen von Fenstern und Türen, das Stoßlüften oder das Niedrighalten der Heiztemperatur, kann man Energie – und somit auch Geld – sparen.

Regelmäßiges Stoßlüften anstatt dauerhaft gekippter Fenster sorgt für eine bessere Luftqualität und reduziert den Energieverbrauch.

Im November wird es deutlich früher dunkel. Wir verbringen dann mehr Zeit in geschlossenen Räumen und brauchen mehr künstliches Licht.

Ein wichtiger Beitrag zur Energieeinsparung ist das Abschalten von Lichtquellen, wenn sie nicht benötigt werden. Das können auch Kinder schon super umsetzen! Sie bekommen so Verantwortung übertragen und können ihren Beitrag leisten. Außerdem reduziert der bewusste Einsatz elektrischer Geräte und das konsequente Ausschalten anstatt des ständigen Stand-by-Modus, in dem sich viele unserer modernen Elektrogeräte unbemerkt befinden, den Energieverbrauch langfristig spürbar.

»What you do makes a difference, and you have to decide what kind of difference you want to make.«

Jane Goodall

Clever Energie und Kosten sparen:

- → die Raumtemperatur senken
  Eine Senkung um zwei Grad bringt über die gesamte Heizperiode eine Einsparung von bis zu 12 %.
- → Kurz duschen statt ein Vollbad nehmen
- → mit der Waschmaschine bei niedrigeren Temperaturen und auch nur bei voller Ladung waschen. Die meisten Flecken gehen auch bei 30 °C raus!
- → den Geschirrspüler nur mit voller Ladung benutzen. Das Eco-Programm reicht für normale Verschmutzung völlig aus. Achtung: Geschirr von Hand zu spülen, bringt keine Ersparnis, weil dazu viermal so viel Wasser benötigt wird!
- → die Tür von Kühlschrank und Tiefkühler immer nur kurz öffnen.
- → Die Spulen auf der Rückseite des Kühlschranks von Zeit zu Zeit von Staub zu befreien
- → im Backofen mit Umluft backen. Das braucht deutlich weniger Energie als Ober- oder Unterhitze.
- → Elektrogeräte nicht im Stand-by-Modus lassen und lieber den Stecker ziehen

14
4
3
2
8
12
11

Upcycling Adventskalender aus »Pillendosen«

Meine Kinder lieben die Zeit vor Weihnachten ganz sicher auch wegen des Adventskalenders. Die kleinen Überraschungen, die sie mit großer Freude jeden Morgen sofort nach dem Aufstehen auspacken, machen den Dezember sehr besonders.

Bei uns gibt es wiederbefüllbare Adventskalender, und ich bastle sie gern selbst aus Dingen, die schon da sind und die ich übers Jahr hinweg gesammelt habe. Dosen von Bonbons beispielsweise lassen sich super dazu verwenden.

Du brauchst

Für 1 Adventskalender

- 24 Dosen
- Klebezahlen aus Holz
- kleiner Teppich mit Fransen (ca. 60 × 85 cm)
- Bambusstab, ca. 65 cm
- Heißklebepistole
- Schnur, ca. 100 cm

So geht's

Die Zahlen von 1 bis 24 auf die Dosen kleben. Alternativ kann man die Zahlen auch mit Acrylfarbe und Pinsel oder mit einem Lackstift auf die Dosen schreiben.

Zum Aufhängen des kleinen Teppichs einen Bambusstab in der passenden Länge (etwa 65 cm) zurechtschneiden.

Den Teppich an einer Längsseite vorn von oben nach unten 5 cm umklappen, sodass die Fransen sichtbar sind. Den Bambusstab einschieben und den Teppich mit Heißkleber fixieren.

Am Bambusstab links und rechts eine Schnur befestigen. Daran kannst du den Kalender später aufhängen.

Alle 24 Dosen auf dem Teppich anordnen und dann mit Heißkleber aufkleben. Gut trocknen und abkühlen lassen.

Die Dosen mit nützlichen und schönen Kleinigkeiten wie Traubenzucker, Washi-Tape, Gutscheinen, Haarspangen oder Spielzeugautos befüllen

Vogelfutter Zapfen

Einige der heimischen Vogelarten überwintern auch hier. Damit sie ausreichend Futter finden, wenn es eisig und gefroren ist, bieten sich nahrhafte Körner an. Dabei ist es wichtig, die Körner im Tierfachhandel zu kaufen, damit sie auch die richtigen bekommen.

Du brauchst

Für 4 Zapfen

- 100 g Vogelfutter-Körnermischung
- 4 EL Kokosöl oder -fett
- 4 Kiefernzapfen mit großen Öffnungen zwischen den Schuppen
- Bindfaden

So geht's

An jedem Zapfen als Aufhänger ein Stück Bindfaden befestigen und zu einer Schlaufe binden.

Die Körnermischung in eine breite Schale geben.

Das Kokosöl in einen kleinen Topf geben und im Wasserbad etwas erhitzen, bis es flüssig ist.

Die Zapfen in das flüssige Öl eintauchen, herausnehmen und direkt in den Körnern wälzen.

Sofort im Freien aufhängen, denn das Kokosöl härtet im warmen Innenraum kaum aus.

Tipp:

Die Futterzapfen immer frisch machen und direkt draußen aufhängen.

Sobald die Vögel die Zapfen leer gepickt haben, kann man sie wieder auf dieselbe Weise mit Körnern bestücken!

Dezember

Im Dezember freuen wir uns sehr auf die ruhige Zeit im Advent, viele Feiertage und das gemeinsame Weihnachtsfest. Wie viele Familien nutzen wir diese Tage, um unsere Liebsten und Freunde zu treffen, miteinander zu kochen und zu essen und uns gegenseitig zu beschenken. Leider ist diese Zeit meist auch geprägt von übermäßigem Konsum – zu keiner Zeit im Jahr wird so viel gekauft wie vor Weihnachten. Damit entsteht eine unfassbare Menge Müll. Weil das aber definitiv nicht so sein muss, hier ein paar Anregungen und Tipps.

Nachhaltiges Weihnachtsfest

Geschenke sorgfältig auswählen

Wie können wir als Familie nachhaltig, besinnlich und achtsam in die Festtage gehen?

Eine super effektive Möglichkeit ist es, bereits beim Geschenkekauf auf nachhaltige und fair gehandelte Produkte zu achten (siehe auch S. 28). Fair-Trade-Sachen gibt es mittlerweile in vielen Geschäften und Online-Shops. Auch das Schenken von selbst gemachten Geschenken ist nachhaltig und sehr persönlich.

Wer gern schenkt, muss sich diese Freude nicht zwingend verkneifen, die Idee sollte aber sein, möglichst zweckdienliche und wiederverwendbare Geschenke unter den Baum zu legen und damit ein Übermaß schon von Grund auf zu vermeiden. Das gelingt besonders stilvoll, wenn die Verpackung Teil des Geschenks wird! So kannst du den Inhalt in einen besonders schönen Schal oder ein tolles Geschirrtuch wickeln und so komplett auf Wegwerfmaterial verzichten. Auch individuell gestaltete Einkaufsbeutel aus Baumwolle machen Freude, denn sie sind hübsch und wiederverwendbar. Und mit einem Geld- oder Gutscheingeschenk entsteht kein Müll, und die oder der Beschenkte können sich selbst gönnen, wonach ihnen gerade ist.

Vor allem Kinder lieben es, ihre Packerl unterm Baum auszupacken – und ehrlich gesagt sind es ihre leuchtenden Augen und die Vorfreude und Spannung, die das Weihnachtsfest am schönsten machen. Um die Geschenkpapierflut nicht aktiv mitzuverschulden, habe ich vor ein paar Jahren auf wiederverwendbare Beutel umgestellt. Für meine Kinder gibt es deshalb keine raschelnden Pakete, aber das Auspacken von gefüllten Stoffbeuteln ist genauso schön! Ich habe sie aus schönen Stoffresten mit wenigen Nähten selbst gemacht.

Der materielle Wert ist in Wahrheit nebensächlich.

Nachhaltige Geschenkeverpackungen

Furushiki-style Tuch

Bei dieser kunstvollen und wunderschönen Art der Geschenkverpackung wird ein Stofftuch, ein Schal, ein Geschirrtuch oder Ähnliches verwendet. Durch das Verknoten über dem Geschenk entsteht ein großer Knoten. Das ist wirkt sehr schön, und das Tuch kann immer wieder verwendet werden. Am besten eignen sich Stofftücher mit einer Größe von 70 × 70 bis 100 × 100 cm, weil sie für viele Geschenke passen. Am Knoten kann man zur Deko auch Zapfen, Zweige oder kleine Weihnachtskugeln befestigen.

Upcycling-Kartons und Altpapier

Viele Kartons, die im Alltag bei uns landen, sind stabil und daher viel zu schade, um nur einmal verwendet zu werden. Oft ist sogar ein Versandkarton noch so schön, dass er ohne Weiteres auch ein Geschenk in Szene setzen kann. Dazu braucht man nur das Etikett und Klebebänder abzuziehen. Wenn man möchte, kann man so einen Karton auch mit etwas Farbe, Stempel oder Bändern verzieren. Kleinigkeiten wie Gutscheine oder Schmuck kann man auch sehr schön in kleinen Papiertüten verschenken, die man ganz einfach z. B. aus Zeitungspapier selbst falten kann (siehe S. 33). Individuell gestaltet und etwa mit Stempelmustern verziert sehen sie besonders schön aus.

Getränkeverpackungen

Die alte Milch- oder Saftpackung ist ideal als Verpackung für kleine Sachen, wie ein Paar Socken, ein Armband oder auch als Übertopf für einen selbst gepflegten Pflanzenableger. Dazu die Getränkeverpackung auf der gewünschten Höhe abschneiden. Die äußere Schicht kann man entweder bemalen, z. B. mit Acrylfarben oder Nagellack, oder abziehen. So entsteht jeweils ein komplett unterschiedlicher Look.

Die Milchpackung ist einfach genial: Weil sie dicht sein muss, sind die verschiedenen Schichten sehr widerstandsfähig, reiß- und spritzwasserfest. Dennoch ist sie so flexibel, dass man sie gut verarbeiten und sogar mit der Nähmaschine zu kleinen Täschchen nähen kann (siehe S. 75). Diese eignet sich zum Verschenken und Aufbewahren von Haarspangen, Kleingeld oder als Überbringer von coolen Gutscheinen oder Geldgeschenken.

Gläser für Köstlichkeiten

Schöne Gläser mit Schraubverschluss werfe ich prinzipiell nicht weg, denn sie lassen sich super weiterverwenden. Auch die guten, alten Vorratsgläser mit Dichtring und Klemme, die Oma schon im Schrank hatte, sind unübertroffen.

Sogar für Geschenke sind Gläser ideal: Darin sind Homemade-Cookies genauso gut aufgehoben wie die trockenen, fertig ausgewogenen Zutaten für eine leckere Backmischung. Dazu muss man nur die trockenen Zutaten abwiegen und in ein luftdicht schließendes Glas geben. Am schönsten sieht das aus, wenn man unterschiedliche Zutaten sorgfältig schichte. Nur noch eine Notiz dazu, was der Beschenkte z. B. an Butter und Eiern noch hinzufügen muss und wie gebacken wird – und schon kann es ohne weiteres Auswiegen losgehen!

Nachhaltiger Weihnachtsschmuck

Beim Christbaumschmuck und der übrigen Weihnachtsdeko können wir ebenfalls auf Nachhaltigkeit achten. Plastik- und Aluminiumschmuck gehören nicht an den Baum; viel schöner wirken stattdessen auf natürliche Materialien wie Holz oder Stroh. Auch das Upcycling von altem Weihnachtsschmuck und gebrauchter Dekoration ist eine tolle, umweltfreundliche Deko-Möglichkeit. Ältere, aus der Mode gekommene Weihnachtskugeln kann man mithilfe von Farben und Lackstiften verzieren.

Mit dem Einsatz von etwas Farbe werden die einfachsten Dinge, wie Fundstücke aus dem Wald, Konservendosen und Steine, zur stimmungsvollen Adventsdeko. Die Bastelnachmittage im Dezember sind bei uns echte Familienerlebnisse. Wir besprechen vorher, wer was basteln möchte, erstellen Listen, was wir dazu brauchen und werkeln dann zusammen bei Kerzenlicht.

Einfache Deko-Stücke sind hier am besten, denn vor den Weihnachtsferien stehen in der Schule oft noch viele Klassenarbeiten an. Dann tut etwas kreative Abwechslung gut. Und die Kinder freuen sich immer sehr, wenn sie auch ihr Kinderzimmer mit Papiersternen und goldenen Zapfen festlich gestalten können.

Die bekannten Papiertütensterne bringen winterlich-weihnachtliche Stimmung, wenn sie am Fenster tanzen, und auf dem Tisch duften mit Nelken besteckte Orangen. Auch selbstgetrocknete Orangenscheiben sind wunderschön, duften sehr natürlich und können oft auch im nächsten Jahr wiederverwendet werden. Ich tropfe dann gern ein paar Tropfen Orangenöl darauf.

Wer noch einen Schritt weitergehen will, gestaltet einen »Keinachtsbaum«: komplett auf die traditionelle Tanne verzichten und eine wiederverwendbare Baum-Alternative aufstellen und festlich dekorieren. Das kann z. B. eine ohnehin vorhandene Zimmerpflanze sein. Auch Wandvorhänge mit Tannen-Print sind sehr dekorativ und sorgen mit einer Lichterkette für Stimmung, ohne dass dafür ein Nadelbaum abgeholzt werden muss.

Nachhaltig essen zu Weihnachten

Zu Weihnachten wird traditionell viel mit der Familie gekocht und gut gegessen – das ist toll, denn Feiern und gutes Essen gehören zusammen. Verschwendung, im Aktionsrausch zu viel gekaufte Lebensmittel und achtloses Wegwerfen passt aber so gar nicht zur Botschaft der Weihnachtszeit.

Beim Weihnachtsessen kannst du dich ganz bewusst für regionale und saisonale Produkte entscheiden. Auf Fleisch und Fisch kann man auch sehr gut verzichten oder den Verbrauch zumindest reduzieren. Es müssen nicht an jedem der zahlreichen Feiertage tierische Lebensmittel auf den Tisch kommen. So schonen wir nicht nur unsere Umwelt, sondern genießen auch gesünderes und bewussteres Essen. Wir besprechen schon in den Wochen vor Weihnachten, was wir wann kochen wollen, und so kann jedes Familienmitglied eigene Wünsche einbringen.

So schonen wir nicht nur unsere Umwelt, sondern genießen auch gesünderes und bewussteres Essen.

5 Vorschläge für nachhaltige Lebensmittel zu Weihnachten:

Vegetarisch oder vegan: Statt traditionell Fleisch- oder Fischgerichte auf den Tisch zu bringen, setze auf vegetarische oder vegane Alternativen. Ein leckerer Braten aus Seitan oder Tofu kann genauso festlich und schmackhaft sein.

Regional und saisonal: Mit Produkten aus der Region und passend zur Jahreszeit unterstützet du nicht nur die lokale Wirtschaft, sondern schonst auch die Umwelt. Im Winter bieten sich beispielsweise Kohl- und Wurzelgemüse an, aber auch Pilze oder Wild sind eine gute Wahl.

Bio-Qualität: Wer auf Bio-Produkte setzt, unterstützt damit nachhaltige und umweltfreundliche Anbaumethoden. Besonders bei Fleisch- und Milchprodukten ist auf eine artgerechte Haltung der Tiere zu achten!

Keine Verschwendung: Gerade zu Weihnachten neigen wir dazu, zu viel zu kochen, und am Ende bleiben oft Reste übrig. Hier ist es wichtig, auf eine bewusste Portionierung zu achten und übrige Lebensmittel sinnvoll weiterzuverwenden, z. B. als Grundlage für eine leckere Suppe.

Selbstgemachtes: Eine tolle Möglichkeit, um nachhaltig und individuell zu essen, ist es, Speisen selbst zuzubereiten. Ob die traditionellen Weihnachtskekse, Fruchtstollen oder Marmelade oder Chutney als Geschenk – hier kannst du deiner Kreativität freien Lauf lassen und gleichzeitig nachhaltig handeln.

Suppenwürze aus Resten

Beim Kochen bleiben häufig Gemüseschalen und -enden, kleine Stiele und generell Gemüsereste übrig: Wirf es nicht achtlos weg – daraus lässt sich ganz einfach Suppenwürze herstellen, die man als Basis für Gemüsebrühe oder als Zutat in Saucen oder Aufläufen verwenden kann.

Du brauchst

- Reste und Schalen von verschiedenen Gemüsen, z. B. Zwiebeln, Karotten, Sellerie
- Evtl. Reste von Kräutern, z. B. Petersilie, Schnittlauch, Basilikum
- Luftdicht schließendes Schraub- oder Schnappverschlussglas

Fakt:

Weltweit landen rund 30–40 Prozent der produzierten Lebensmittel in der Mülltonne.

Mehr dazu hier: www.landschafftleben.at/lebensmittelverschwendung

Zubereitung

Die beim Kochen übrig gebliebenen Gemüseabschnitte und -schalen so klein wie möglich schneiden. Falls du Kräuter übrig hast, auch diese schön klein hacken. Ein Backblech mit Backpapier auslegen, die Gemüse- und Kräuterstückchen darauf verteilen.

Bei 60 °C etwa zwei bis drei Stunden lang im Backofen trocknen lassen. Dabei den Stiel eines Holzlöffels in die Ofentür klemmen, damit die Feuchtigkeit entweichen kann. Auskühlen und an der Luft noch etwas weiter trocknen lassen. Zum Schluss in ein dichtes Gläschen abfüllen.

Damit die Gemüsereste frisch bleiben, bis du genügend zum Trocknen zusammen hast, kannst du sie einfrieren.

Glücksfische für die Silvester-Deko

Die Party zum Jahreswechsel ist für Familien besonders aufregend, und jedes Jahr freuen sich alle darauf. Wir verzichten immer schon auf Böller, weil es für die Natur einfach eine sinnlose Belästigung darstellt! Es wird unfassbar viel Geld dafür ausgeben, und am Ende bleibt nur Müll und Feinstaub übrig.

Für unser Family-Dinner zum Jahresausklang basteln wir an die Tagen davor zusammen die Tischdeko, die immer eine Form von Glückssprüchen beinhaltet. Besonders gern mag ich die Glücksfische.

Du brauchst

Für 1 Glücksfisch

- leere Toilettenpapier-Rolle
- verschiedene farbige Papiere
- 1 Pfeifenputzer
- Papierkonfetti
- Filzstifte
- Klebstoff
- Schere
- Tacker

So geht's

Klebe ein Stück farbiges Papier um die Toilettenpapierrolle und schneide evtl. überstehende Enden ab.

Klebe den Pfeifenputzer um eine Öffnung der Rolle. Das andere Ende der Rolle zusammendrücken. Etwas Papier als Flosse hineinschieben und festtackern.

Aus anderem farbigen Papier Halbkreise für die Schuppen zuschneiden und aufkleben. Auch die Augen aufkleben oder aufmalen und den Fisch nach Lust und Laune verzieren.

Bevor der Fisch auf den Tisch gelegt wird, einen schönen Neujahrs- oder Glücksspruch überlegen, auf ein kleines Blatt Papier schreiben und in den Fisch stecken.

So bekommt jeder Gast beim Abendessen seinen persönlichen Glücksspruch für das kommende Jahr und kann sich seinen Fisch auch mitnehmen.

Impressum

Verantwortlich: Svenja Wiglinghaus
Produktmanagement /Lektorat: ZweiKonzept GbR
Layout: Marcus Taeschner, A flock of sheep
Coverfoto Picknick: Raffael Payr
Umschlaggestaltung: Dominik Günzinger
Repro: LUDWIG:media
Herstellung: Julia Hegele
Printed in Poland by CGS Printing

Bildnachweis:
Raffael Payr: Umschlag-Vorderseite links, S. 13;
alle anderen: Daniela Gaigg

Sind Sie mit diesem Titel zufrieden? Dann würden wir uns über Ihre Weiterempfehlung freuen. Erzählen Sie es im Freundeskreis, berichten Sie Ihrem Buchhändler oder bewerten Sie bei Onlinekauf. Und wenn Sie Kritik, Korrekturen, Aktualisierungen haben, freuen wir uns über Ihre Nachricht an:
Christophorus Verlag,
Postfach 40 02 09, D-80702 München oder per E-Mail an lektorat@verlagshaus.de

Unser komplettes Programm finden Sie unter

www.christophorus-verlag.de

Die Deutsche Nationalbibliothek verzeichnet diese Publikation in der Deutschen Nationalbibliografie; detaillierte bibliografische Daten sind im Internet über www.dnb.de abrufbar.

ISBN 978-3-8388-3893-9

FSC www.fsc.org MIX Papier | Fördert gute Waldnutzung FSC® C111616

Kreativ-Service

Sie haben Fragen zu unseren Büchern und Materialien? Wir beraten Sie gern rund um alle Kreativthemen. Rufen Sie uns einfach an. Wir interessieren uns auch für Ihre eigenen Ideen und Anregungen. Sie erreichen uns per E-Mail kreativ-service@c-verlag.de oder unter der Telefonnummer 0049–89–1306 99 577.

Besuchen Sie uns im Internet: www.christophorus-verlag.de & www.selbstgemacht.de